AF617806

John Lennon ha muerto

Protestas, huelgas de hambre y resistencia

SÍLE
DARRAGH

JOHN LENNON HA MUERTO

PROTESTAS, HUELGAS DE HAMBRE Y RESISTENCIA

Prólogos:
RITA O'HARE y GERRY ADAMS

Traducción:
ENRIQUE ALDA

EDICIÓN ORIGINAL
John Lennon's Dead. Stories of Protest, Hunger Strikes and Resistance. Beyond the Pale Books, Belfast, 2011

PRIMERA EDICIÓN DE TXALAPARTA
Tafalla, septiembre de 2024

EDICIÓN: Ane Eslava

EDITORIAL TXALAPARTA S.L.L.
San Isidro 35
31300 Tafalla NAFARROA
Tfno. 948 703 934
info@txalaparta.eus
www.txalaparta.eus

ISBN
978-84-10246-10-2
DEPÓSITO LEGAL
NA.1163-2024

DISEÑO DE COLECCIÓN Y CUBIERTA
Esteban Montorio

MAQUETACIÓN: Monti

IMPRESIÓN
Gráficas Iratxe
Polígono Agustinos, calle M, 5
31160 Orkoien – Navarra

Índice

En 2011 este libro se dedicó a Mairéad Farrell, Rose McAllister
y Christine Beattie; desde entonces, otras compañeras
ya no están entre nosotros.

Que sus familias se enorgullezcan de lo que hicieron para
asegurar que la risa de nuestros hijos se oiga en el mundo.

PRÓLOGO

Personas normales y corrientes como yo

Rita O'Hare

LAS MUJERES SIEMPRE SE HAN IMPLICADO en la lucha por la independencia de Irlanda. Su labor nunca se ha reconocido o atestiguado lo suficiente y por eso es tan importante el intenso relato de Síle Darragh sobre los años que pasó en la cárcel de Armagh.

«Faltaban cuatro meses para que cumpliera diecinueve años –escribe Síle sobre su detención el 4 de agosto de 1976– y había sido miembro activo del IRA durante casi tres años». Pasaría cinco años en la cárcel de Armagh.

«Mi trayecto hacia el IRA había comenzado seis años antes, la noche del 27 de junio de 1970». Ballymacarrett, la reducida comunidad nacionalista en la que vivía en East Belfast, había sido objeto de un ataque continuado por parte de los unionistas que, al abrir fuego en esas calles estrechas, obligaron a que los residentes se encerraran en casa, Síle incluida. Entonces, un hombre apareció en medio de la calzada, levantó un arma y empezó a disparar por encima de los tejados hacia los tiradores que los mantenían confinados. Síle, una hermana y su padre corrieron hasta la casa de una vecina. Estaba llena, principalmente de mujeres. Aquella noche, al ver las llamas que se elevaban en una iglesia a la que habían lanzado una bomba,

Síle preguntó a su cuñado quién había realizado los disparos que les habían permitido huir. «El IRA», le contestó.

En ese momento Síle comprendió que el IRA no era un grupo misterioso de figuras siniestras: «Estaba a mi alrededor. Eran personas que conocía, hombres y mujeres, mayores y jóvenes, a los que veía a diario; familiares, amigos y vecinos, personas que me habían recibido en sus casas toda la vida. Eran miembros de la comunidad, personas normales y corrientes como yo».

Que en el IRA hubiera «personas normales y corrientes» como ella misma, que formaran parte de la comunidad y no estuvieran fuera de ella, fue su sustento a lo largo de las décadas de lucha en las calles y entre casas de Irlanda del Norte, en las celdas del centro de interrogatorios de Castlereagh y en las cárceles.

Algunas de las mujeres que buscaron cobijo en esa casa de Ballymacarrett aquella noche de junio de 1970 podrían haber sido madres, hermanas o tías de los voluntarios que defendían la comunidad. Otras podrían haber sido voluntarias. Esas mujeres, fuertes y resistentes, eran la columna vertebral de las comunidades nacionalistas del Norte, y esas mujeres, fuertes y resistentes, desempeñaron un papel muy importante en la evolución del IRA.

Un año antes de que Síle entrara en la cárcel de Armagh, el Gobierno británico denegó el estatus de preso político a todos los condenados a partir de 1975. Formaba parte de una política de criminalización de los presos y, por lo tanto, del IRA y de la propia lucha. Entonces comenzó la protesta por ese estatus.

Esa protesta tuvo una tremenda repercusión en las mujeres de Armagh y ellas también dejaron su impronta en aquella reivindicación. Al leer este libro es fácil pasar por alto que todas esas presas eran muy jóvenes. De hecho, la mayoría de las preventivas no habían llegado a la veintena. «Aunque nunca olvidábamos que éramos prisioneras republicanas de guerra –escribe Síle– y manteníamos una disciplina que nunca mostró el resto de presas, éramos jóvenes normales, con los mismos intereses que nuestras coetáneas». De nuevo, personas normales y corrientes como yo.

Muchas de esas jóvenes se enfrentaron a condenas largas y a la perspectiva de que sus años fértiles transcurrieran mientras cumplían su sentencia. Estaban preparadas para correr el riesgo de no tener hijos. Para ellas fue un sacrificio enorme.

Se compartía todo: ropa, materiales de arte y las noticias que recibían en las cartas o en las visitas. Estaban encerradas, pero mantuvieron una comunicación constante a través de la familia y los amigos. Procurar apoyo se daba por descontado, entre ellas mismas y el que recibían del exterior y de sus camaradas en los Bloques H de Long Kesh y otras prisiones.

La mayoría eran de los seis condados del Norte, pero había mujeres de toda Irlanda y de toda clase social. Esa red panirlandesa que conectaba a las presas con sus familias, amigos y comunidades fue parte esencial de la lucha. Y las mujeres republicanas, su columna vertebral.

La política de criminalización se recrudeció en febrero de 1980. Confinados en sus celdas, sin acceso a los lavabos o instalaciones para el aseo, los presos se dieron cuenta de que no les quedaba otra alternativa que emprender una protesta sucia. Fue una decisión difícil de tomar, especialmente para las mujeres, que de hecho corrían más riesgo de contraer infecciones, riesgo que incrementaron las consecuencias de la protesta en aquella vetusta cárcel.

Cuando las trasladaron al ala B descubrieron que las láminas de contrachapado colocadas encima de la red antisuicidios impedían que la luz natural llegara al nivel inferior. Aún les esperaba algo peor: habían cerrado con tablas las ventanas de las celdas.

«Y así estuvimos, en penumbra y rodeadas por nuestras heces, durante un año».

La protesta sucia en Armagh atrajo una renovada atención y planteó un dilema al Movimiento de Mujeres Irlandesas, que había mantenido silencio sobre el Norte y el trato a las presas. Para muchas de sus integrantes, la cuestión nacional era tabú. Pero las presas contaban con el apoyo activo del Comité Anti Bloques-H/Armagh, las Mujeres Contra el Imperialismo y el Movimiento Tropas Fuera en el Reino Unido, que intentaban que los grupos consolidados de mujeres alzaran su voz contra el tratamiento a las mujeres en Armagh.

Las manifestaciones frente a la cárcel el Día Internacional de la Mujer atraían a mujeres de Gran Bretaña, Europa y Estados Unidos, pero no al grupo de Mujeres Irlandesas.

El cáustico artículo de la indómita Nell McCafferty, publicado en el *Irish Times* el 22 de agosto de 1980, produjo un punto de inflexión.

Con el titular «Estoy convencida de que Armagh es una cuestión feminista», escribió: «En las paredes de la cárcel de Armagh hay sangre menstrual – las treinta y dos mujeres en huelga sucia no se han lavado desde el 8 de febrero de 1980». Nell describió con términos muy crudos las condiciones que reinaban en Armagh. Desafió a las feministas con las siguientes palabras: «La opción para las feministas en la cuestión de la cárcel de Armagh es evidente. Podemos no hacer caso a esas mujeres o expresar nuestra preocupación por ellas. La sangre menstrual de las paredes de la cárcel de Armagh apesta, ¿nos tapamos la nariz?».

El artículo de Nell causó furor. Las cartas inundaron el *Irish Times* y, tal como pretendía Nell, se inició un debate en el Movimiento de Mujeres que no pudo reprimirse. Por supuesto, algunas mujeres continuaron haciendo caso omiso o reprobando a las mujeres de Armagh. Pero el renovado interés público por su difícil situación impulsó una campaña más amplia para conseguir el estatus de presas políticas.

Muchas mujeres comprometidas se unieron a las protestas del Día Internacional de la Mujer frente a la cárcel de Armagh, consiguieron más publicidad y alentaron a las presas. En un contexto más amplio, las protestas para exigir el estatus de presas políticas frente a las embajadas británicas de todo el mundo consiguieron avergonzar a ese Gobierno, pero la primera ministra Margaret Thatcher se negó a mejorar la situación. Las condiciones en las cárceles se deterioraron.

Había que salir de ese estancamiento. Los debates sobre iniciar una huelga de hambre se intensificaron. Muchos presos republicanos, hombres y mujeres, pensaron que esa escalada en la campaña por el estatus de preso político era la única forma de lograr sus objetivos. Los comunicados entre la oficial al mando en Armagh, Mairéad Farrell, y el oficial al mando en los Bloques H, Brendan Hughes, se concentraron en la forma más angustiosa de protesta: el rechazo de alimentos.

¿Apoyaría el Movimiento exterior su decisión? Sin su apoyo –y, de hecho, sin el de los nacionalistas en el norte y en el sur– una huelga de hambre podría fracasar. Que tuviera éxito solo sería posible si los huelguistas, secundados por el Movimiento, demostraban al mundo que la comunidad nacionalista los respaldaba, que las personas normales y corrientes estaban dispuestas a apoyarlos.

Y necesitaban mucho apoyo.

¿Se unirían las mujeres a la huelga de hambre? ¿Cuántas? ¿Qué consecuencias tendría ello? Debilitarse por una huelga de hambre en el entorno propicio para contraer infecciones de una cárcel entrañaba un peligro añadido para ellas.

El 27 de octubre de 1980 siete hombres se declararon en huelga de hambre en los Bloques H.

El 1 de diciembre, tres mujeres emitieron un comunicado desde Armagh en el que anunciaban a sus compañeros que se unían a la huelga de hambre. Fueron Mary Doyle, Margaret Nugent y Mairéad Farrell. Mairéad tuvo que dejar de ser la oficial al mando, cargo que ocupó Síle Darragh. Tenía veintitrés años.

Cuando Brendan Hughes se declaró en huelga de hambre, Bobby Sands, que entonces tenía veintiséis años, ocupó el cargo de oficial al mando en los Bloques H. La camaradería y respeto entre los presos eran extraordinarios, al igual que entre los reclusos de los Bloques H y las mujeres de Armagh.

Síle mantuvo una comunicación constante con Bobby Sands sobre el estado de los presos en huelga de hambre en los Bloques H y Armagh, y conocía la posibilidad de llegar a un acuerdo propuesto por el Gobierno británico, por lo que se sorprendió al oír en una radio entrada de contrabando que se había puesto fin a la huelga. Desconocía que Danny Morrison había intentado entrar en la cárcel para informarla pero el alcaide, en una muestra de crueldad despreciable, se había negado a dejarle entrar. Las mujeres en huelga de hambre sufrieron otro largo día sin saber si era verdad ni los motivos por los que se había puesto fin a la huelga en los Bloques H.

Las presas republicanas de Armagh decidieron finalizar su huelga. Pero, con el trasfondo de las promesas incumplidas por el Gobierno británico, rápidamente volvió a vislumbrarse la posibilidad de llevar a cabo otra huelga de hambre.

Síle y Mairéad sabían que las presas de Armagh no cederían y mantuvieron largas y serias conversaciones con todas las reclusas sobre cuál era la postura más efectiva que debían adoptar.

La decisión colectiva fue no reanudar la huelga de hambre en la cárcel de Armagh.

El 3 de marzo de 1981 Síle recibió el último comunicado de Bobby Sands. En él le comentaba la admiración que había despertado el valor de las mujeres entre los presos de los Bloques H. No mencionaba la posibilidad de realizar una segunda huelga de hambre, pero Síle tuvo claro que estaba decidido a hacerla y que sabía que moriría. Síle lo supo también.

Síle dedicó el resto de su condena a organizar una campaña de cartas con las que solicitar apoyo a los presos. Escritas en papel higiénico y sacadas de contrabando de la cárcel, llegaron a todo el mundo. El 9 de abril, la elección de Bobby Sands como diputado por Fermanagh/South Tyrone demostró que los nacionalistas secundaban a los presos. Pero el Gobierno británico no reaccionó. Cuando excarcelaron a Síle el 5 de agosto, habían muerto ocho huelguistas en Long Kesh. Mairéad Farrell, con la que había compartido tantas responsabilidades, la acompañó a la puerta. El resto de presas salieron de sus celdas para decirle adiós. Dejaba atrás a camaradas con las que había estado encarcelada cinco años.

Síle volvió a la lucha, al igual que muchas otras presas. En marzo de 1988 su amiga Mairéad murió atravesada por una lluvia de balas en Gibraltar, menos de dieciocho meses después de su puesta en libertad en Armagh. Había estado presa durante una toda una década de su joven vida.

Me siento profundamente conmovida por el relato intenso y evocador de Síle sobre el valor y resistencia de esas presas y de las muchas que hubo después de ellas. Camaradas esenciales, iguales y apreciadas en nuestra larga lucha por la independencia, fueron mujeres normales y corrientes que se enfrentaron a retos extraordinarios en tiempos extraordinarios.

Y siempre tuvieron presente la recompensa: la reunificación de nuestro país; libertad, justicia e igualdad.

PRÓLOGO

Gerry Adams

A PESAR DE HABERSE HONRADO en canciones, documentales, relatos y recapitulaciones personales, es un hecho penoso, e injusto, que los cuatro años de protesta de las mujeres republicanas en la cárcel de Armagh para conseguir el estatus de presas políticas se vieran eclipsados porque la atención se centró, además de todo lo que se ha escrito al respecto, en la misma protesta en los Bloques H, en gran medida porque diez hombres murieron en ellos durante la huelga de hambre de 1981.

El relato de Síle Darragh, tremendamente intenso y personal, contribuye en gran medida a rectificar y compensar ese desequilibrio, gracias a esta crónica desde el interior, que es la mejor descripción hasta la fecha del ambiente, los sentimientos y el sufrimiento que experimentaron y soportaron las mujeres de la cárcel de Armagh entre 1976 y 1981.

Las mujeres republicanas que cumplieron condena en Armagh antes de 1976 disfrutaron del estatus de presas políticas, al igual que sus camaradas en los barracones de Long Kesh y el centro de internamiento de Magilligan. Ese estatus (estatus de categoría especial, como lo denominaron los británicos) se consiguió porque el Gobierno británico cedió después de una huelga de hambre republicana en la cárcel de Crumlin Road en 1972. Por consiguiente, ninguno de esos presos tuvo que vestir el uniforme carcelario o realizar trabajos penitenciarios, y los conflictos entre los reclusos y la administración se redujeron al mínimo. Todo eso cambió en 1976, cuando los británicos retiraron el estatus de preso político e intentaron criminalizar a los presos republicanos, algo que en el pasado había fracasado una y otra vez.

Pero la estupidez o la crueldad de los británicos no tienen justificación.

Gracias a una exitosa campaña de las mujeres republicanas a comienzos de la década de 1970, las mujeres encarceladas en Irlanda del Norte no estaban obligadas a vestir el uniforme carcelario, mientras que en el conflicto en los Bloques H fue una cuestión primordial. En ellos el Gobierno británico exigió que los presos vistieran un uniforme que los criminalizaba, a lo que se negaron, y por eso se produjo la «protesta de las mantas» en esa prisión.

En Armagh la protesta se centró en la desobediencia: negarse a trabajar o acatar órdenes, mantener una estructura de mando de prisioneras de guerra y no dejarse dividir y ser derrotadas. La administración de la cárcel respondió de forma punitiva con un incremento creciente de castigos infames y mezquinos, y finalmente brutales.

A pesar de ello, no consiguió quebrantar el espíritu ni la determinación de esas mujeres.

Gracias a las descripciones de Síle nos hacemos una idea del mundo lóbrego y deprimente en el que vivieron, sobre todo después de verse forzadas a iniciar la protesta sucia y tener que sobreponerse a la repulsión natural ante la inmundicia y la suciedad. Síle bromea y comenta que en ese momento debían de estar un poco locas.

Quizá las descripciones más emotivas son las de los sucesos de finales de 1980 y a lo largo de 1981. Mairéad Farrell dejó su cargo como oficial al mando para entregárselo a Síle, mientras Mary Doyle, Margaret Nugent y ella iniciaban la huelga de hambre. Por causas ajenas a la dirección republicana, se enteraron por la radio de que se había puesto fin a la huelga en los Bloques H sin llegar a un acuerdo, y se inquietaron sobre su participación en una segunda huelga de hambre.

Con el tiempo, las mujeres de Armagh y los hombres de los Bloques H tuvieron éxito, pero tras pagar un precio muy alto en vidas de presos, funcionarios de prisiones y hombres, mujeres y niños en las calles de Irlanda del Norte. Mairéad Farrell cumplió su condena y se reincorporó a la lucha, hasta que unos agentes del Servicio Aéreo Especial la ejecutaron en 1988 junto a sus camaradas Dan McCann y Seán Savage.

Me parece muy apropiado que este libro esté dedicado a Mairéad Farrell y a las fallecidas Rose McAllister y Christine Beattie.

Lo que mantuvo unidas a esas jóvenes en la cárcel de Armagh fue la solidaridad, la camaradería, la lealtad las unas a las otras y, por supuesto, un humor que debió de desconcertar a las carceleras.

Síle, al igual que muchas otras mujeres republicanas, prestó un gran servicio a la lucha por la libertad en Irlanda. Los antiguos comunicados y cartas de sus camaradas y un profundo ejercicio de memoria inspiraron este importante relato sobre parte de esa historia. Pero, incluso después de escribirlo, ella seguía siendo reacia a que lo leyeran otras personas.

«¿Estás de broma? ¡Piénsalo bien! ¿Quién lo va a leer? ¡No es suficientemente bueno!», comentó cuando nos enteramos de que había escrito un relato sobre su vida en la cárcel.

De hecho, *John Lennon ha muerto* no se habría publicado si no se hubiera animado, persuadido y convencido a Síle de que es una crónica que debe contarse y leerse.

En ella está documentada nuestra historia, y las mujeres están acreditadas en ese documento, algo que debería haberse hecho antes. Damos las gracias a Síle, y expresamos nuestro reconocimiento y rendimos tributo a todas las mujeres y a las hermanas que fueron encarceladas en otras cárceles de esta isla y en otros lugares.

Los que más infligieron y creyeron que podían vencer han perdido.

Al final, lo que ha triunfado ha sido el espíritu republicano.

JOHN LENNON HA MUERTO

ME ARRESTARON EL 4 DE AGOSTO DE 1976, cuando se encontraron unos artefactos incendiarios –bombas– en la sala de subastas de Ross's Auctioneers, en el centro de Belfast. La joven con la que las había colocado y yo todavía estábamos en el edificio y nos detuvieron junto con otras diez personas que, por desgracia, habían ido a ver qué se subastaba. Nos llevaron a todos a la comisaría de la RUC (Policía Real del Úlster) en Musgrave Street, donde se decidió rápidamente que solo había dos sospechosas y se puso en libertad al resto.

Bernadette era de Ardoyne, en North Belfast, y yo de Ballymacarrett, Short Strand. Ambas son zonas republicanas y vivir en cualquiera de las dos era motivo suficiente para elegirnos como sospechosas, no solo en aquel cuartel, sino en cualquier lugar de los seis condados.

Nos separaron, se nos informó oficialmente de nuestros derechos y nos llevaron a las salas de interrogatorios.

Las técnicas de interrogación de la Sección Especial de la RUC iban de las amenazas y la coacción a la tortura psicológica y física. En la década de 1970 las utilizaron en miles de personas y consiguieron que cientos de hombres y mujeres cumplieran largas condenas tras forzarlos a firmar declaraciones incriminatorias. Los centros de interrogación más infames fueron Castlereagh en East Belfast y el cuartel de la RUC de Strand Road, en Derry.

A mí me habían detenido varias veces mediante «rastreo», una práctica habitual del ejército británico para recabar información (nombres de tus familiares, fechas de nacimiento, etc.) en las comunidades nacionalistas locales. El ejército y la RUC intentaban chantajear, sobornar o coaccionar a los más vulnerables para que se convirtieran en delatores, además de interrogar a personas sospechosas de estar implicadas en actividades republicanas o apoyarlas. Recuerdo que me llevaron a Blair's Yard, en Mountpottinger Road, y también me detuvieron e interrogaron en otros cuarteles de la RUC en relación con operaciones del IRA. Era algo que sucedía continuamente a los jóvenes nacionalistas en los seis condados.

Cuando el IRA llevaba a cabo una operación, el ejército británico y la RUC realizaban una batida en las zonas republicanas y arrestaban a docenas de personas para interrogarlas sobre ese incidente.

Así que, como me habían detenido varias veces, conocía la mayoría de las preguntas y técnicas utilizadas en los interrogatorios.

En el mío estuvieron presentes tres equipos de dos detectives de la Sección Especial de la RUC –todos hombres–, que se turnaron para hacerme preguntas. Cuando acababa un equipo, cada dos horas más o menos, lo reemplazaba otro.

Querían saber de dónde había sacado los artefactos incendiarios y me dijeron que estaban registrando mi casa y las de mis familiares para ver si se habían fabricado en alguna de ellas.

Comentaron que se las ingeniarían para dejar algunas piezas en casa de mi padre, un anciano, para arrestarlo y acusarlo de fabricar bombas; que moriría en la cárcel y que la culpa sería mía.

Aseguraron que habían detenido a mi hermano y mis hermanas, lo que resultó ser mentira; que habían encontrado bombas en casa de mi hermana mayor, otra mentira; y que mi padre había sufrido un ataque al corazón y estaba ingresado en el Royal Victoria Hospital, también mentira.

Me bombardearon con preguntas sobre mi familia, sobre los artefactos incendiarios, sobre otros republicanos, el IRA y el Sinn Féin.

Me amenazaron con llevarme en un Land Rover a la fervientemente lealista Newtownards Road, tirarme en Dee Street y gritar que era una «puta asesina provo».

También se quedaban callados a ratos y murmuraban entre ellos, para después golpear de repente la mesa y gritar obscenidades en un intento de asustarme y ponerme nerviosa.

Sugirieron que me condenarían a veinte años de cárcel, pero que podían «sacarme» (es decir, conseguir que se retiraran los cargos) si cooperaba; en otras palabras, si les proporcionaba información.

Me ordenaron que me pusiera de pie y retiraron la silla a la fuerza. Me senté en el suelo y me insultaron por «revolcarme en la mugre».

Tuve que pedir que me dejaran ir al baño. Siempre esperaban media hora o más antes de llevarme por el pasillo y quedarse en la puerta hablando sobre mí en voz alta mientras estaba en el váter.

Hacían comentarios sobre mi aspecto, ponían en duda mi inteligencia y, después, en otro interrogatorio, intentaban halagarme.

Me amenazaron, chantajearon, instigaron y gritaron en igual medida.

No hice caso a nada de lo que dijeron o hicieron. Intentaba desconectar, que fueran invisibles, y miraba a la pared por encima de ellos o al techo.

Las únicas pausas durante los interrogatorios eran para comer, cenar y al final del día. No sabía qué hora era. Al llegar a la comisaría de Musgrave me confiscaron el reloj, junto con los cigarrillos y un mechero. Solo podía imaginar qué momento del día era por las comidas que traían.

Al final del primer día un agente uniformado de la RUC me llevó a través de un patio y me entregó a otro policía, que me encerró en uno de los calabozos bajo del juzgado de Townhall Street.

Esos calabozos estaban completamente vacíos y carecían de muebles. Había un gran bloque de madera atornillado al suelo que hacía las veces de taburete y, a lo largo de una pared, una «cama» de tablas de madera de uno ochenta por noventa, con una «almohada» curvada en la cabecera. A los pocos minutos de que me encerraran, un policía abrió la puerta, me arrojó un colchón de espuma forrado con plástico grueso de color azul claro y una manta marrón muy áspera. Las paredes estaban totalmente cubiertas de pintadas, hechas con todo tipo de rotuladores indelebles y bolígrafos que pueda imaginarse. No había ni un solo centímetro cuadrado en el que no hubiera algo escrito. Pasé horas leyendo los nombres de los que habían estado allí antes que yo; incluso reconocí alguno, hasta de que, agotada por los acontecimientos, me acurruqué en el colchón y me quedé dormida.

El jueves por la mañana me desperté pronto. En el calabozo no se oía nada, pero después de golpear varias veces, me dejaron ir al baño y lavarme con un jabón minúsculo y toallitas de papel. Para desayunar me dieron una taza de plástico con té suave y dos tostadas con mantequilla. El agente que me lo entregó me dijo que pasarían a recogerme en diez minutos. Al poco volvía sobre mis pasos a través del patio hasta la comisaría de Musgrave para enfrentarme a otra jornada de interrogatorios.

El segundo día fue igual que el primero hasta un momento determinado a finales de la mañana, en el que entró alguien con una cara que me resultó ligeramente familiar; un detective de la Sección Especial del cuartel de la RUC en Queen Street, que me había interrogado durante cinco días hacía un mes. Lo habían convencido de que había puesto una bomba en una tienda del centro de la ciudad y parecía creer que estaba dispuesta a confesar. Después de un par de horas de increparme para que «dijera la verdad» y tranquilizara mi conciencia, se fue muy decepcionado.

A última hora de la tarde vino a verme un abogado. Mi hermana Marie lo había contratado y traía de su parte ropa para cambiarme y cigarrillos (que los policías confiscaron en cuanto se fue). Sabía que mis huellas dactilares estarían en los artefactos incendiarios y había decidido que no reconocería el tribunal, por lo que le dije que no lo necesitaba. Me contestó que, de todas formas, volvería al día siguiente, solo para asegurarse de que estaba bien. Me confirmó que lo que habían dicho los miembros de la Sección Especial sobre haber detenido a miembros de mi familia después de mi arresto era, tal como había imaginado, mentira.

Pasé una segunda noche en los calabozos bajo Townhall Street y ya me había acostumbrado al zumbido constante del ventilador que había en lo alto de una de las paredes y a la luz mortecina en la que seguía leyendo más nombres que me eran desconocidos.

A la mañana siguiente, muy temprano, más bien parecía medianoche, me despertaron de un sueño intermitente y me condujeron a la comisaría de Musgrave. Allí se me acusó formalmente de «posesión de explosivos, conspiración para causar una explosión y pertenencia a una organización ilegal, concretamente el Ejército Republicano Irlandés», y después volvieron a llevarme al calabozo.

A media mañana apareció de nuevo el abogado, con más cigarrillos, que escondí inmediatamente, por si los policías querían confiscármelos otra vez. Me explicó cómo sería el procedimiento judicial y lo que podría pasarme. Le di las gracias por su tiempo y se fue.

A primera hora de la tarde Bernadette y yo comparecimos ante un juez y se nos inculpó formalmente. Me llevaron al calabozo, que ya empezaba a resultarme familiar, y pasé el tiempo pensando en lo que sucedería después, en qué me esperaba en la cárcel de Armagh. Esa misma tarde me metieron en la parte posterior de una furgoneta de traslado, escoltada por delante y por detrás por un Land Rover de la RUC, y me llevaron a Armagh. A Bernadette, que solo tenía dieciséis años, la llevaron al centro correccional de menores de Middletown, en el condado de Armagh.

Faltaban cuatro meses para que cumpliera diecinueve años y había sido miembro activo del IRA durante casi tres años.

El asedio de Ballymacarrett

Mi trayecto hacia el IRA había comenzado seis años antes, la noche del 27 de junio de 1970.

Ese día, después de que una banda musical lealista desfilara en Newtownards Road y pasara por Seaforde Street y las tiendas de propietarios católicos, se produjo un ataque a la comunidad católica. Un grupo de alborotadores sectarios y pistoleros, que parecían decididos a arrasar el distrito y expulsar hasta el último católico de aquel rincón de East Belfast, nos asedió por todas partes.

Mi familia vivía en Vulcan Street, una calle pequeña de casas adosadas, cuya parte trasera daba a Newtownards Road, y estuvimos atrapados durante horas mientras se producían tiroteos a nuestro alrededor. Recuerdo que cuando anocheció y las balas seguían rebotando en las paredes de atrás, mi padre nos dijo a mi hermana Noreen y a mí que nos tumbáramos en el suelo del cuarto de estar, antes de salir a la oscuridad y exponerse a los disparos, para buscar ayuda y evacuarnos.

A mí, una niña de doce años, me pareció que regresó horas después. Nos llevó, una a cada lado, al pequeño vestíbulo que daba a la calle y dijo: «Cuando diga "¡corred!", corréis. Vamos a casa de Sarah Stratton. No os paréis ni miréis atrás».

En el otro extremo de la calle apareció una figura entre las sombras, fue lentamente hacia el centro de la calzada, levantó un arma y empezó a disparar más allá de los edificios de Seaforde Street, hacia la aguja de una iglesia protestante en Newtownards Road. Mi padre gritó «¡corred!» por encima del ensordecedor ruido de los disparos y atravesamos la calle a toda velocidad para ir a casa de nuestra vecina. Todavía recuerdo el pequeño cuarto de estar lleno de mujeres aterradas... y esperanzadas. Mi padre dio las gracias a Sarah y nos llevó por la estrecha recocina hacia la puerta del patio trasero para refugiarnos en la relativa seguridad que ofrecía la casa de mi hermana mayor, Marie, en Sheriff Street.

Mucho después, un día estaba en la puerta de Marie con mi cuñado Seán viendo las llamas que se elevaban por encima de los tejados de Seaforde Street desde la casa del sacristán de nuestra parroquia, a la que habían lanzado una bomba incendiaria. Le pregunté quién era la persona que había disparado la noche que mi padre nos había sacado de casa. Respondió simplemente: «El IRA». No sé cuándo aprendí el significado de esas siglas, pero sabía que no tenía nada que temer de ellas.

Aquella noche fue un momento decisivo para el recién aparecido IRA Provisional y también para mí y muchas otras personas de las comunidades nacionalistas en los seis condados. Aquella noche, el IRA, junto a un puñado de hombres y mujeres, y con pocas armas, demostró que podía proteger a su gente. Mi comunidad y yo seguimos vivos gracias a las personas que estuvieron en nuestras calles en esas horas cruciales, nunca lo he olvidado.

Al poco, comprendí que el IRA no era un grupo misterioso que entraba y salía de nuestra zona cuando se necesitaba. Estaba a mi alrededor. Eran personas que conocía, hombres y mujeres, mayores y jóvenes, a los que veía a diario: familiares, amigos y vecinos, personas que me habían recibido en sus casas toda la vida. Eran miembros de mi comunidad, personas normales y corrientes como yo.

A lo largo de los años otros sucesos contribuyeron a que decidiera unirme al IRA –el Bloody Sunday, la imposición del internamiento sin juicio, la discriminación sistemática, la intimidación, los asesinatos lealistas de amigos y vecinos, la brutalidad y el hostigamiento del ejército británico y la RUC–, pero, sobre todo, fue aquella noche de junio en 1970.

Durante todo el tiempo que fui miembro del IRA supe que podría llegar el día en que me encarcelaran, pero creí que eso nunca me pasaría a mí. Y, sin embargo, allí estaba, de camino a la cárcel de Armagh.

Sabía que dos mujeres de mi zona estaban allí. Rita McIlhone cumplía condena y tenía estatus de presa política, y Brenda Murray estaba en prisión preventiva tras haber sido acusada de colocar una bomba en una tienda del centro de Belfast.

Presos políticos

No sabía a lo que tendría que enfrentarme o qué me esperaba. Nunca había ido a ver a una mujer en la cárcel, aunque había visitado con frecuencia el barco-prisión Maidstone, que había albergado a detenidos, y los barracones de Long Kesh, en los que se confinaba a internos y presos políticos sentenciados.

A comienzos de la década de 1970, mi hermano Bernard estuvo detenido siete meses en el Maidstone, anclado en Belfast Lough, a poca distancia de casa. Después, el ejército británico lo trasladó a las celdas de Long Kesh, donde fue internado. En total estuvo recluido en Long Kesh en tres ocasiones. La duración de su encarcelamiento fue tres años y medio. Nunca se le acusó de un delito ni fue juzgado en un tribunal. El ejército británico lo arrestó por puro capricho de la RUC y lo confinaron con el beneplácito de Brian Faulkner, el primer ministro unionista de los seis condados que introdujo el internamiento sin juicio el 9 de agosto de 1971.

Sabía, por las visitas a mi hermano, que la vida en los barracones no era fácil. Estaban encerrados en cobertizos metálicos Nissen, rodeados de alambre de espino, y los soldados británicos armados patrullaban continuamente el perímetro. Pero eso no era nada comparado con lo que en pocos años tendrían que enfrentarse los presos republicanos.

En 1975 el Gobierno británico se dio cuenta de que su política de internamiento sin juicio había vilipendiado internacionalmente el nombre de Gran Bretaña. También se percató de que la imagen de los voluntarios del IRA, confinados como presos de guerra (tenían estatus de presos políticos), concedía cierta legitimidad a la campaña armada del IRA.

Por eso, el Gobierno británico puso en práctica una nueva política. Creyó que si trataba a los nuevos presos como «criminales» la imagen que se percibiría sería que los republicanos no tenían una causa legítima ni justificación. Al mismo tiempo redujo la presencia de soldados británicos de primera línea y aumentó el poder de la RUC y el Regimiento de Defensa del Úlster, ambos integrados en gran medida por miembros de la comunidad unionista. Esa política de «ulsterización» redujo el número de bajas en el ejército británico y permitió a Gran Bretaña mostrar el conflicto como un enfrentamiento entre «dos comunidades religiosas beligerantes» en el que Gran Bretaña se encontraba en medio y actuaba como «pacificadora». Al conceder una mayor competencia a la RUC en materia de seguridad, podía asegurar que la situación volvía a la normalidad.

El Gobierno británico construyó los «Bloques H» en las instalaciones de la prisión de Long Kesh, cerca de donde los republicanos cumplían condena como prisioneros de guerra con estatus de presos políticos.

Cuando me recluyeron en la cárcel de Armagh en agosto de 1976 faltaba un mes para que esos Bloques H recibieran a su primer ocupante. Kieran Nugent, de la zona de Falls en West Belfast, fue el primer «hombre de la manta» y con él comenzó la larga protesta para conseguir el estatus de preso político que culminó cinco años después con la muerte de diez hombres en huelga de hambre.

Entretanto pasaron muchas cosas.

Llegada

La cárcel de Armagh tiene una fachada muy bonita que da al paseo de la ciudad. Pero cuando llegué estaba casi oculta tras un muro contra explosiones y garitas de centinelas.

En el interior, dos largas alas para las reclusas salían de un «círculo» en el que se encontraba la sección administrativa, la cocina y el hospital. La antigua enfermería estaba separada del edificio principal, pero nosotras la llamábamos el «Anexo» y albergaba a presos que trabajaban en la cocina y hacían pequeñas reparaciones en la cárcel.

Se construyó en 1780 y, debido a su valor arquitectónico, en la actualidad es un edificio catalogado.

El ala A tenía una lavandería en el sótano, planta baja y un piso superior.

El ala B tenía planta baja y dos pisos superiores y albergaba un secreto en el sótano. En el lado opuesto al patio de ejercicio había unas escaleras exteriores que conducían a unas celdas subterráneas, cerca de una esquina de la parte trasera del ala, donde se unía al círculo. En esa esquina todavía pueden verse los restos de lo que fue una plataforma de madera a unos dos metros y medio del suelo. Allí estaba la horca y los prisioneros condenados a muerte pasaban sus últimos días en las celdas del sótano, accesibles solo desde el exterior a través de un estrecho tramo de escalones de piedra. Cerca de la enfermería, o el Anexo, estaba el cementerio, en el que se enterraba a los presos en un lecho de cal.

Por lo que oímos, el último preso al que se ahorcó en la cárcel de Armagh, en la década de 1920, fue un hombre que se llamaba Joe Fee. Su tumba y otras anónimas siguen dentro de los muros de Armagh.

Cuando llegué aquella primera semana de agosto de 1976 había pocas mujeres en prisión preventiva. Las que recuerdo son Mairéad Farrell, de Andersonstown, Angela Nelson, de la zona de St. James, Siobhán McCormack, de New Lodge, Brenda Murray, de Short Strand, Eileen Morgan y Gillian Rodgers, de Newry, y Mary Maguire, de Enniskillen. Creo que había más, pero no recuerdo quiénes eran.

Angela, Gillian, Siobhán y Mary consiguieron condenas en suspenso y a Brenda la excarcelaron finalmente después de un nuevo juicio. Las cifras continuaron aumentando y disminuyendo conforme iban llegando presas y se liberaba a otras. En el momento crucial de la protesta por el estatuto de presas políticas había cuarenta mujeres en el ala, y, en general, las que la secundaban solían tener más de veinticinco años.

La media de edad de las mujeres en prisión preventiva a principios de la década de 1970 estaba entre los diecisiete y los diecinueve años. La mayoría eran voluntarias del IRA, pero otras eran víctimas de la correa de transmisión de la política de arrestos, tortura psicológica y física, declaraciones forzadas, habitualmente redactadas por los interrogadores y al final de largos periodos de prisión preventiva o libertad bajo fianza, y sentencias en los tribunales Diplock sin jurado del Gobierno británico. Cientos de hombres y mujeres jóvenes pasaron años en la cárcel debido a esa política.

La presa republicana de mayor edad durante la protesta sucia en Armagh fue Rose McAllister, de Ardoyne, en North Belfast, que tenía cuarenta años y cuatro hijos. A Rose ya la habían encarcelado en otras dos ocasiones en la década de 1970 y había tomado parte en una protesta que tuvo éxito, cuando la administración de la cárcel intentó obligar a las presas políticas a vestir uniformes penitenciarios. Aquella protesta dio lugar a que todas las presas de Armagh dejaran de utilizarlos.

Rose había estado casada con Paddy McAdorey, un joven de Ardoyne voluntario del IRA, muerto por un disparo del ejército británico el día en que se puso en marcha el internamiento sin juicio, el 9 de agosto de 1971. Paddy tenía veinticuatro años cuando lo mataron. Rosa y él eran padres de tres hijos.

Años más tarde volvió a casarse y tuvo otro hijo, Christopher. Cuando Rose se unió a la protesta para conseguir el estatus de presas políticas en la cárcel de Armagh su hijo Christopher apenas había cumplido unos meses y en el momento de su excarcelación tenía dos años y medio. El marido de Rose fue condenado a cuatro años por los mismos cargos y se unió a la protesta en los Bloques H.

Tres mujeres dieron a luz durante la protesta: Bernadette O'Boyle, de Derry, tuvo una niña; Brenda Murphy, de Ballymurphy, también tuvo una niña; y Jeannie Hamill, de Ardoyne, un niño. Se permitió que los hijos estuvieran con ellas en la cárcel un corto periodo de tiempo, pero después tuvieron que entregarlos a miembros de sus familias. A partir de entonces solo los veían media hora cada cuatro semanas. Se perdieron algunas de las etapas más importantes en los primeros años de sus hijos. Con el tiempo, en estos tres casos los niños tuvieron problemas para relacionarse con sus madres, pues identificaban a sus tías o abuelas como figura materna. Si esas tres mujeres no se hubieran unido a la protesta, habrían sido excarceladas tras cumplir la mitad de la condena. Pero decidieron no hacerlo para que no las criminalizaran, ni tampoco a sus creencias. A veces me pregunto cuántas mujeres habrían tomado esa decisión; incluso cuántas madres habrían entendido las razones de esa elección.

Llegué a Armagh a última hora de la tarde. Me enteré de que había llegado a mi destino cuando la furgoneta se detuvo, hizo marcha atrás y oí voces y el ruido de una puerta metálica. La furgoneta volvió a hacer marcha atrás un poco más y se detuvo otra vez. Se abrieron las puertas de atrás y una mujer vestida con uniforme de color azul marino me ordenó que saliera. Cuando bajé vi que estaba en una habitación amplia con paredes de ladrillo y dos grandes puertas metálicas cerradas a ambos extremos. La mujer me gritó que la siguiera y me condujo por una puerta y una habitación con amplios cubículos de madera a un lado, hasta otra sala. En ella esperaban las otras dos funcionarias de prisiones –«boqueras», para nosotras–, que componían mi comité de recepción.

Una de ellas indicó hacia los cubículos que había en la pared de atrás, me pidió que entrara en uno, me desnudara, me envolviera en la sábana que colgaba en la puerta y saliera. Le pregunté por qué y me contestó que todas las presas nuevas debían bañarse antes de tramitar su ingreso. Por un momento me planteé negarme, pero dudé si era lo correcto. Pensé que, si hubiera habido algún problema con ese proceder, se habría debatido en los círculos republicanos. Decidí que seguramente lo más sensato era darme ese baño y, después de haber pasado tres días en la comisaría de Musgrave Street, donde solo había podido utilizar un pequeño lavabo, la perspectiva de un baño con jabón y agua caliente me pareció muy tentadora.

Así que cumplí lo que se me había pedido y una de las boqueras me llevó de nuevo a la habitación contigua. En los cubículos había unas grandes bañeras de esmalte blanco, con manchas marrones de óxido en los sitios en los que el esmalte había saltado. La del cubículo del medio contenía una cuarta parte de agua tibia y al lado había una gran pastilla de jabón cuarteada y amarillenta.

Entré en la bañera y me acomodé para relajarme un momento, ordenar las ideas y prepararme para lo que me esperaba, pero la voz que me pidió que me diera prisa interrumpió mis reflexiones. Miré por encima del hombro y vi a la boqueras con el codo apoyado en la media puerta del cubículo, observándome sin inmutarse. Poco después salí de la bañera e intenté envolverme en la sábana.

La boqueras no se movió. Consciente de que me estaba mirando y dándole la espalda, ni siquiera intenté secarme con la fina toalla azul que había al lado de la bañera, sino que sujeté la sábana a mi alrededor y fui resbalando con los pies mojados sobre las baldosas frías mientras el agua se deslizaba por mi cuerpo.

En la segunda habitación, las otras dos mujeres estaban inspeccionando mis escasas pertenencias y apuntándolas en un gran libro de registro con tapas duras. «Un paquete de pañuelos, dos pares de vaqueros, dos pares de calcetines negros tobilleros...». Tenía unos cincuenta peniques en monedas y me dijeron que los ingresarían en mi cuenta del «economato». La boqueras que había estado mirándome mientras me bañaba me preguntó si tenía alguna cicatriz o marca identificadora. Le dije que no. Para mi sorpresa, se lo creyó y me dijo que me vistiera. Me costó hacerlo, porque todavía estaba mojada por el baño; salí del cubículo y vi mis posesiones esparcidas en la mesa. Otra boqueras me llamó desde un extremo de la habitación y me dijo que me sentara en una silla de madera con respaldo recto. Me fijé en que tenía una cámara en la mano y volví a pensar en negarme, pero tuve miedo de quedar como una tonta ante esas mujeres. ¿Y si era la única que se había negado? Fui consciente de que no sabía nada de lo que se esperaba de mí. Me senté en la silla y me fotografiaron de frente y por los dos lados.

Me pidieron que recogiera mis cosas y entonces oí una voz que decía: «¿Está lista la niña?». Me volví y vi que una mujer mayor había entrado por otra puerta. Estaba allí para conducirme a la cárcel propiamente dicha y me alegré de salir de esa habitación. Al menos, vería a chicas como yo. Tenía ganas de llegar al ala.

«Abuela Steenson»

Todas las presas llamaban «abuela Steenson» a la mujer a la que habían enviado para recogerme. En la cárcel de

Armagh había dos tipos de boqueras. Para unas pocas era simplemente un trabajo, las habían contratado por unos años y solo querían cumplir su cometido. Una o dos eran medio decentes y durante los registros se limitaban a echar una mirada superficial a las celdas, e incluso alguna pasaba un cigarrillo de vez en cuando a alguna de las presas que secundaban la protesta.

Sin embargo, la mayoría –hombres y mujeres– procedían de entornos unionistas, odiaban a los republicanos y aprovechaban cualquier oportunidad para intimidarnos e incordiarnos.

Eran las boqueras que lo destrozaban todo durante los registros de las celdas, nos hacían los cacheos más minuciosos y degradantes, censuraban las cartas hasta el punto de volverlas indescifrables, echaban champú en los paquetes con comida, rompían los cigarrillos, tardaban todo lo posible en abrir la puerta de la celda cuando queríamos ir al baño o teníamos visita y utilizaban cualquier excusa para ponerse violentas. Los boqueras patrullaban el perímetro por la noche, golpeaban las puertas metálicas entre los patios de ejercicio con tanta fuerza como podían, silbaban canciones lealistas sectarias y provocaban a los perros guardianes para que ladraran cuando pasaban cerca de las celdas de las mujeres republicanas.

Sin embargo, he de decir que abuela Steenson siempre fue una persona justa y decente. Me preguntó cómo me llamaba y de dónde era, y mantuvimos una conversación trivial mientras salíamos de la zona de recepción, atravesábamos un patio y entrábamos por una puerta en el muro hacia una corta pasarela que conducía a unos escalones de piedra y a la pesada puerta metálica de la cárcel de Armagh. Me dijo que me llevaría al ala B y el corazón me dio un vuelco. Sabía que era donde estaban recluidas las mujeres con estatus de presas políticas y pensé que, por algún extraño golpe de suerte, me alojarían con el resto de presas políticas. Por desgracia, se había equivocado, todavía se estaba acostumbrando a no llevar a las «políticas» al ala B.

Giramos hacia una puerta en la parte derecha del círculo y me hicieron pasar por la puerta de seguridad para que otra boqueras me llevara al ala A.

Estaba cerrada por la cena y no había nadie. Conocería al resto de presas preventivas cuando las dejaran salir después. Me llevó al A2, el piso superior, y me condujo por un pasillo estrecho en la parte izquierda del ala. Intenté fijarme bien en todo lo que me rodeaba: los vanos amplios y las puertas de acero con cerrojos y mirillas, la red «antisuicidio» colocada en la abertura entre los dos pasillos, las ventanas altas al fondo del ala y, finalmente, la llave que metió en la cerradura. Abrió la puerta, entré y se cerró de un portazo a mis espaldas. Dejé mis exiguas pertenencias en el suelo y examiné mi nuevo hogar. Era una celda de dos metros y medio por tres con una ventana en arco en lo alto de la pared del fondo, una cama metálica, una silla de plástico, una mesa pequeña, un orinal de plástico y una taquilla. Dediqué unos cinco minutos a asimilar la creciente sensación de que estaba en una cárcel. Era como un sueño, un mal sueño, una auténtica pesadilla.

Poco después oí un tintineo de llaves y ruido de puertas conforme se abrían las celdas. Inspiré con fuerza, intenté prepararme para lo que me esperaba cuando se abriera la mía y conociera a las compañeras republicanas.

Presentaciones

Siobhán McCormack fue la primera en entrar, y me hizo muchísimas preguntas: si me habían pegado, si había comido, si necesitaba algo... La siguió Brenda Murray, una cara familiar, y después el resto, que se presentaron, me dieron un termo, leche, galletas, jabón, toallas y todo tipo de cosas necesarias; hablaron todas a la vez, conmigo y entre ellas, para explicarme cómo se recibían visitas y paquetes, dónde conseguir agua caliente para preparar té, a qué horas se cerraban las puertas, y no me enteré ni de la mitad de lo que dijeron.

Después, tras cerca de una hora de preguntas, respuestas y presentaciones, empezaron a mirarse de reojo y a irse una por una, hasta que solo quedaron dos y me presentaron oficialmente a la oficial al mando y su ayudante, segunda al mando, de las presas preventivas, Mairéad Farrell y Angela Nelson.

Aquella fue la parte oficial de mi primer día, en la que indagaron sobre el arresto y la detención, sobre lo que me habían preguntado y lo que había contestado. Hice un relato pormenorizado de todo lo que había sucedido, desde la captura hasta la comparecencia ante el tribunal. Era un preámbulo necesario para la iniciación en la cárcel de todas las presas republicanas. Si se había dado alguna información era vital informar a la organización en el exterior. Si se había puesto en peligro a otras personas, pisos francos o zulos, era mejor admitirlo lo antes posible, para minimizar el daño.

A las ocho y media, justo antes de que se cerraran las puertas por la noche, oí que Mairéad gritaba «atención» en irlandés y la patada en el suelo que dieron al unísono todas las mujeres, previa a la orden de «rompan filas», a la que respondieron con otra patada en el suelo antes de darse la vuelta todas a la vez. A mí se me eximió y estaba dentro de la celda cuando se llevó a cabo, pero lo oí con claridad a través de la puerta abierta. Eran mujeres republicanas disciplinadas, incluso durante su confinamiento en la cárcel de Armagh. Aquello me procuró cierto consuelo.

Me tumbé en la cama con las manos debajo de la cabeza, miré al techo y repasé los sucesos de los últimos días. Me pareció que habían pasado hacía semanas. Leí unas revistas que había dejado alguna mujer, para alejar la mente de los días, meses y años venideros, pero fue inútil. Finalmente, agotada, me quedé dormida.

Tras sentirme como una «idiota» muchas veces y dar la impresión de serlo, me acostumbré a la rutina de la cárcel de Armagh.

Las presas preventivas estaban recluidas en el A2 y las condenadas en el A1, en la planta baja. No había segregación entre lealistas, presas comunes y republicanas, pero se mantenía un acuerdo tácito entre republicanas y lealistas de no interferir en los asuntos de unas y otras, y de solucionar cualquier problema a través de las oficiales al mando respectivas.

La oficial al mando de todas las presas republicanas en Armagh era Eileen Hickey, con estatus de presa política y confinada en el ala B, que había ocupado ese cargo durante varios años. Eileen se reunía con Mairéad, oficial al mando de las preventivas, en la capilla todos los domingos para hablar sobre la situación en el ala A. Con el tiempo, conforme aumentaba el número de presas que secundaban la protesta y disminuía el de las que tenían estatus presas políticas, Mairéad acabó siendo la responsable general de toda la cárcel.

Las presas republicanas tenían su propio código de conducta, un «reglamento» al que debían adherirse todas las reclusas que conformaban la «compañía» republicana dentro de la cárcel, incluidas las que no habían sido voluntarias del IRA en el exterior. Sus normas incluían disciplina, comportamiento y actitud hacia las boqueras y otras prisioneras. No debía realizarse ninguna comunicación entre las boqueras o el alcaide y una presa: todas se llevaban a cabo a través de la oficial al mando y su ayudante. No debía agredirse a las boqueras u otras presas. Debía mostrarse respeto por el resto de presas, no hacer ruido después de medianoche, no discutir en público con otra presa republicana, y todas las presas de guerra tenían que mantenerse a sí mismas y a las celdas limpias y cuidadas. Si se tiene en cuenta el reducido espacio y las circunstancias en las que vivíamos, eran reglas muy sensatas.

Por la mañana, las presas «formaban fila» para la inspección de las celdas, se ponían firmes y se comportaban durante todo el día como voluntarias del Ejército Republicano Irlandés, se atenían al reglamento. Por la noche se ordenaba «romper filas» y las voluntarias se quedaban en posición de «descanso». La oficial al mando y la ayudante llevaban a cabo la inspección de las celdas, una desde cada extremo del ala. Las mujeres se quedaban junto a la celda mientras la oficial al mando o la ayudante entraba y comprobaba que la celda estuviera limpia y ordenada, y las camas, hechas. Se esperaba que las mujeres republicanas mantuvieran tanto las celdas como a ellas mismas en la mejor forma posible, y las celdas se limpiaban todos los días.

La administración de la cárcel acusaba de infringir el reglamento penitenciario a la oficial al mando y la ayudante cada vez que llevaban a cabo una inspección de las celdas. El castigo era la pérdida de un día de reducción de condena por cada vez que lo hacían. Era una especie de «cadena de favores» porque en prisión preventiva no se puede perder la reducción de condena. La reducción se obtiene una vez que se ha dictado la sentencia. Cuando me sentenciaron ya había perdido seis meses de reducción de condena.

Ayudante

Angela Nelson era la ayudante de Mairéad, pero obtuvo la libertad bajo fianza al poco de mi llegada. Aquello dejó un puesto vacante y Mairéad decidió que lo ocupara yo. Informó a Eileen Hickey y a todas las personas pertinentes en el exterior de que había tomado la decisión de que desempeñara ese papel, antes de comunicármelo. Al parecer, era una oferta que no podía rechazar. También era una muestra de la confianza que había depositado en mí. No era un cargo permanente, todas las mujeres que desempeñaban funciones de liderazgo en la cárcel podían ser sustituidas en cualquier momento, pero fui ayudante de Mairéad hasta que se declaró en huelga de hambre en 1980, momento en el que me convertí en la oficial al mando, hasta poco antes de que me excarcelaran en agosto de 1981 y Mairéad volviera a desempeñar ese cargo.

La oficial al mando de las presas lealistas era Lily Douglas, de Shankill Road, miembro de la UDA (Asociación para la Defensa del Úlster) y condenada por el asesinato de Ann Ogilby. Se sospechaba que esta, una mujer protestante y madre soltera de un hijo, había tenido una aventura con un preso de esa asociación. La esposa de ese hombre y varias mujeres de la UDA la secuestraron y la golpearon hasta matarla en un club de la asociación en Sandy Row.

En total nunca hubo más de cinco presas lealistas a la vez en la cárcel de Armagh. Normalmente las republicanas no les prestaban atención, pero a veces ellas intentaban tomar el pelo o contrariar a alguna republicana en concreto o provocar algún conflicto para que se sancionara a nuestra voluntaria. Hacían cosas sin importancia, como entrar en la cocina o en el baño cuando había una republicana, sabedoras de que se iría inmediatamente.

Otras veces tropezaban «accidentalmente» con una republicana, con intención de provocar una respuesta física.

Siempre teníamos presente la posibilidad de que hubiera problemas y las mujeres lealistas no parecían darse cuenta de que en Armagh eran minoría, por lo que en alguna ocasión Mairéad y yo tuvimos que reunirnos con Lily Douglas para solucionar esos conflictos. Las conversaciones con Lily nunca eran hostiles ni tensas. Siempre se mostró razonable, capaz de ver los peligros potenciales, e, indefectiblemente, hablaba con sus «camaradas» y el incidente se olvidaba hasta la siguiente vez. Esas entrevistas con Lily nunca fueron reuniones formales, sino más bien charlas relajadas. Lily era mucho mayor que nosotras y me recordaba a algunas de las mujeres normales y corrientes de Belfast de su edad que vivían en mi zona.

Las presas comunes solían mantenerse al margen, pero, una vez condenadas, tendían a ceder ante las lealistas, más por miedo que por afinidad o respeto. No nos relacionábamos con las presas comunes, pero en alguna ocasión tuvimos que defenderlas cuando las boqueras las acosaban. Las republicanas éramos las primeras en reivindicar derechos y privilegios a la administración de la cárcel y, cuando ganábamos alguna batalla, todas las presas se beneficiaban. Algo que evidenciaba el derecho de todas las presas de la cárcel de Armagh a vestir su ropa; un derecho que se había concedido hacía años, después de las protestas de las presas republicanas.

En el punto culminante de las protestas carcelarias, el secretario de Estado británico, en una declaración pública sobre esas protestas, se refirió a los presos republicanos como «terroristas inconformistas» y a los presos conformistas como «delincuentes comunes decentes». Esa frase se nos quedó grabada y a partir de entonces llamábamos así a las presas comunes.

En muchos casos esas mujeres estaban en la cárcel por delitos nada graves, en su mayoría faltas leves, como hurtos, riñas, fraudes y otras infracciones leves.

También había algunas que nunca deberían de haber entrado en una cárcel.

Noreen Winchester, de Shankill Road, mató a su padre maltratador después de años de tortura física y psicológica. Esa mujer menuda, delgada y de hablar sosegado finalmente explotó cuando su torturador la amenazó con maltratar a sus hermanos y hermanas menores. Noreen los defendió, después de ocultar los abusos que recibía y de no haber tenido a nadie que la protegiera.

La condenaron a siete años de cárcel.

Por suerte, tras una campaña mediática bien coordinada por parte de mujeres de toda Irlanda, la pusieron en libertad. Nunca deberían de haberla condenado.

Una pobre y desgraciada mujer nos impactó a muchas de nosotras y todavía la recuerdo. Nunca supimos cómo se apellidaba ni nada de su pasado, para nosotras era simplemente Sally. Estaba claro que sufría algún tipo de discapacidad mental y deberían de haberla internado en St. Luke's, el psiquiátrico de Armagh, en vez de encerrarla en una cárcel.

Sally era una delincuente reincidente, siempre la descubrían cuando robaba y, por eso, atacaba a los guardias de seguridad que la habían atrapado y a la policía que iba a detenerla. Era violenta y propensa a ataques de rabia incontrolada. Al recordarla creo que seguramente su frustración mental, más que ningún tipo de malicia, era la que provocaba esa violencia. Tenía problemas para comunicarse, pero a veces manteníamos alguna conversación lúcida y cuando hablaba daba la impresión de ser una persona muy triste y solitaria.

Sally se autolesionaba y las cicatrices de esos ataques eran visibles en sus brazos y garganta. Cuando le preguntamos por qué se hacía daño, su simple y desgarradora respuesta fue: «No lo sé».

En ocasiones, entrada la noche, oíamos correr a la vigilante nocturna y después los pasos sonoros y el tintinear de llaves de las boqueras que habían ido a toda prisa a la celda de Sally para suplicarle que se calmara, que razonara y que no se pusiera nerviosa, y sabíamos que Sally había conseguido entrar algo afilado en su celda y se había vuelto a cortar.

En cuanto se abría la puerta se oían los golpes y resoplidos ahogados de las boqueras que Sally lanzaba contra las paredes de la celda como si fueran muñecas de trapo. Finalmente llegaban los boqueras con un escudo antidisturbios y la sujetaban mientras un boqueras «médico» le administraba una inyección de algo que la dejaba KO y medio llevaban medio arrastraban a la pobre y lastimera Sally a la enfermería.

Al día siguiente volvía, la encerraban en la celda y le llevaban las comidas. Pedía que la dejaran salir, su frustración aumentaba y arrojaba el contenido del orinal a la primera boqueras que abría la puerta.

Sally no recibía visitas ni cartas, paquetes o cigarrillos. Dependía de la miseria que recibía como sueldo por su trabajo en la cárcel. Y las boqueras la hacían trabajar como a una burra. Le encomendaban las tareas más sucias y apenas sabía cómo rebelarse. Cuando recibíamos paquetes le dábamos galletas o tabletas de chocolate. Parecía sinceramente sorprendida por las muestras de amabilidad más insignificantes; daba la impresión de que no había recibido muchos gestos amables en su vida. Y, a pesar de que era propensa a los ataques de ira violentos y muchas mujeres la temían, Sally solo llegaba a las manos con las boqueras. Se burlaban de ella y la trataban como si fuera basura. Se merecían todos los golpes que les dio.

Pedía cigarrillos diciendo: «Sally quiere un "pitillo"», y lo repetía continuamente. Si no estábamos encerradas, una de nosotras encendía un cigarrillo y se lo pasaba por la mirilla, pero por la noche teníamos que llamar a una boqueras y pedirle que se lo pasara a Sally. Algunas se lo entregaban enseguida y otras esperaban, para provocarla. Finalmente oíamos su voz incorpórea flotando en el ala: «Gracias, chiquilla».

No sé qué fue de Sally, pero espero que algún día recibiera la ayuda que necesitaba desesperadamente.

La vida en prisión preventiva

Cuando las boqueras de Armagh tuvieron que enfrentarse por primera vez con las republicanas que no habíamos sido confinadas en el ala B y a las que se nos había negado el estatus de presas políticas, no supieron cómo tratarnos. Al principio, al menos durante los primeros meses, respetaron nuestra estructura jerárquica y remitieron todas las consultas o conflictos a la persona indicada. También aceptaron que las únicas que negociábamos con el alcaide de la cárcel éramos Mairéad y yo.

Aquello cambió cuando llegaron las directivas... junto con boqueras nuevas que inundaron la cárcel, atraídas por los buenos salarios y las primas por las horas extras y el riesgo de trabajar con republicanas que secundaban una protesta. Intentaron saltarse la estructura y tratar con presas individualmente, pero estas no les prestaron atención y las remitieron a Mairéad o a mí. Finalmente se dieron por vencidas.

La prisión preventiva fue una etapa bastante fácil. Nos permitían tres horas y media de visitas a la semana –tres adultos y dos niños en cada visita– y tres paquetes con pocas restricciones sobre el contenido. Normalmente, una de las primeras cosas que se pedía era una falda, zapatos, medias y un jersey de cuello alto, todo negro, y suficiente lana para hacer una boina con ganchillo. Llegaban habitualmente en un paquete, lo revisaban y después lo enviaban al ala. Era el uniforme que vestíamos para conmemorar el Alzamiento de Pascua de 1016 y rendir tributo a los camaradas que murieron durante el conflicto.

Esa ropa desempeñaría un papel muy importante en lo que sucedería más adelante.

Las presas preventivas podían ir y venir con total libertad del patio de ejercicio a las celdas comunes, en las que veíamos la televisión o poníamos discos. Estábamos fuera de la celda la mayor parte del día y solo se nos recluía para las comidas. Nos lavábamos la ropa nosotras. Podíamos adquirir artículos en el economato o pedir a una boqueras que nos comprara algo en una tienda del exterior, si no lo tenían en el economato. Si no nos gustaba la comida de la cárcel, que era lo más habitual, cocinábamos sobre hornillos en una celda que hacía las veces de cocina improvisada.

Las presas republicanas provenían de todas las zonas de los seis condados y de toda clase social.

Por increíble que parezca, en mis dieciocho años nunca había viajado fuera de Belfast y por primera vez estaba conociendo mujeres de los seis condados. La mayor parte de las presas eran de Belfast, seguidas de las de Derry, aunque también había mujeres de Newry y de los condados de Antrim, Fermanagh y Tyrone, muchas de pueblos y ciudades de los que no había oído hablar.

Aquella mezcla me impactó y me alegré de conocer a mujeres como Monica Craig, de Dungiven, que hablaba tan rápido y con un acento tan marcado, que cuando me la presentaron creí que estaba hablando en irlandés.

Nunca conseguí acostumbrarme a su acento y siempre tenía que pedirle que hablara más despacio.

Las mujeres de Derry también tenían un acento muy marcado, y Eileen Morgan, de Newry, cuando me contó una historia sobre su abuela me dijo: «...mi abuela me zurraca». Me pasé todo el día intentando averiguar qué significaba «zurraca». ¿Tenía una urraca su abuela? Al final le pregunté a Eileen, que contestó: «Me zurraca, ya sabes. ¿La tuya no te zurraca? ¿Nunca te han dado una bofetada?». Entonces lo entendí.

Un día Ann Bateson, de Ballymaguigan, en el condado de Derry, cuando me habló de un baile al que había ido, dijo: «La banda tocó *The Boys of the Old Brigade* y la pista de baile estaba llena». Y yo, una mujer de Belfast que no había visto nunca bailar a nadie con una canción rebelde, me eché a reír y le pregunté si lo decía en serio.

Gracias a Ann y a su coacusada Dolores O'Neill aprendí las letras de las peores canciones *country* que cantaban algunos de sus músicos locales, como Susan McCann y Big Tom. No quería aprendérmelas, pero, al no tener otra opción que oírselas cantar a Ann y Dolores una y otra vez, acabaron grabándose en mi memoria.

Aunque nunca olvidábamos que éramos presas republicanas de guerra y manteníamos una disciplina que nunca mostró el resto de presas, éramos jóvenes normales, con los mismos intereses que nuestras coetáneas.

Nos gustaba la ropa, la música y las películas. Veíamos *Top of the Pops* y llenábamos las paredes de las celdas con pósteres de los famosos; hablábamos de películas que habíamos visto o nos gustaría ver, bromeábamos sobre exnovios, novios y quién era guapo o no; nos vestíamos para ir a las visitas como si fuéramos a una cita con un chico y nueve de cada diez veces íbamos demasiado elegantes cuando venían a vernos nuestros familiares.

Teníamos un tocadiscos que nos había proporcionado el Comité de Asistencia a los Presos Republicanos de Belfast y recibíamos discos en los paquetes. Pero había tantas discusiones sobre música que casi tuvimos que separar una pelea. Decidimos votar qué se oiría.

Intercambiábamos la ropa continuamente: cuando se tiene la opción de elegir la de otras veinte mujeres nunca se anda escasa de nada.

Como todavía no nos habían condenado, nos permitían enviar cartas a otras prisiones y escribíamos a los presos preventivos de la cárcel de Crumlin Road, Crum, en Belfast, que albergaba a los presos a la espera de condena y también a los ya condenados, en Long Kesh. Cuando nos sentenciaron, prohibieron el correo entre prisiones y tuvimos que volver a las cartas pasadas de contrabando, conocidas como «comunicaciones».

La artesanía ocupaba parte de nuestro tiempo y hacíamos peluches y unas cosas horribles con palitos de piruletas y pinzas para la ropa, sobre todo crucifijos y mecedoras. No nos permitían tener cuero ni las herramientas con las que fabricar bolsos, monederos o cinturones.

Sí que podíamos decorar pañuelos con rotuladores.

Me gustaba pintar y tenía acuarelas. Una de mis hermanas trabajaba en una fábrica de camisas y nos enviaba retales del final de los rollos de tela, por lo que disponíamos de algodón de varios tonos o colores en los que pintar o dibujar. Los cuadros eran principalmente de dibujos animados, Mickey Mouse, gatitos con ojos brillantes y figuras bonitas inspiradas en las tarjetas Hallmark que recibíamos en los cumpleaños. No nos permitían enviar nada que tuviera relación con la política.

Eso no quiere decir que no hiciéramos nada con mensajes políticos, simplemente no hacíamos tanto como nos habría gustado, porque las visitas tenían que sacarlo de contrabando.

En una ocasión Mairéad le preguntó al alcaide si podíamos enviar un pañuelo decorado con una cruz celta, dos banderas tricolores y una lista de los voluntarios muertos del primer batallón de la Brigada de Belfast. Era para una conmemoración que iba a celebrarse en esa zona y se sometió a votación. Decidimos bordarlo todo e iba a ser demasiado voluminoso para sacarlo de contrabando. El alcaide dijo que, siempre que estuviera al corriente de lo que iba a mostrar y no se cambiara en el pañuelo final, no habría problema.

Dibujé la cruz y las banderas, alguien escribió los nombres y todas nos turnamos para bordar. Cuando estuvo acabado, era precioso. Tenía un diseño sencillo, pero sorprendente.

Mairéad le dijo al alcaide que lo enviaría con una de sus visitas, lo metió en un sobre y se lo dio a una boqueras.

Nunca volvió a verse.

Sadie McGilloway y Lynn O'Connell, ambas de Derry y las dos reincidentes tras haber estado encarceladas con estatus de presas políticas, eran unas tejedoras excelentes. Sadie, sobre todo, podía tejer sin patrón y calculaba cuántos puntos podía quitar o añadir como una matemática. Las dos pasaron muchas horas enseñándonos el arte de tejer a las novicias y cómo interpretar un patrón, con lo que disfrutamos de otro pasatiempo, muy útil.

Una vez nos encargaron una chaqueta tipo Aran para regalársela a Norah McAteer, miembro del Comité de Asistencia a los Presos Republicanos. El único problema fue que la petición, la lana y el patrón llegaron una semana antes de la fecha de entrega. Pero Sally y Lynn, sin inmutarse, dividieron las piezas entre las mejores tejedoras y nos pusieron a trabajar. Cuando se entregó la chaqueta y se dijo que la habían tejido las mujeres de la cárcel de Armagh, no mintieron. Las cinco piezas, parte de atrás, dos delanteros y dos mangas, las habían tejido mujeres distintas.

Máire Drumm

Durante la prisión preventiva teníamos acceso a la biblioteca, nos permitían recibir libros en los paquetes y una vez a la semana la capilla se transformaba en una sala de cine a la que nos llevaban a todas para disfrutar de una película.

Presionamos a la administración de la cárcel para que las presas preventivas pudieran recibir clases, con idea de mantenerlas cuando nos sentenciaran, pero no quiso saber nada del tema. Permitió que viniera un profesor de artesanía, que nos proveyó de material para hacer peluches, y un profesor de irlandés, Seán Ó Biuill, un *gaelgoir* de la ciudad de Armagh apasionado por la lengua, con la paciencia de un santo. Seán venía una vez por semana para darnos clase durante una hora y se pasaba media hablándonos de los mitos, las leyendas y la historia de Irlanda. Eran dos asignaturas en una.

Máire Drumm estuvo con nosotras un tiempo en 1976. Era la vicepresidenta del Sinn Féin y un icono republicano para jóvenes como yo. Era la madre de Máire Óg, recluida en el ala B con estatuto de presa política. Por la noche, cuando en la cárcel reinaba el silencio, oíamos gritar a Máire Óg desde el ala B: «Mamá, ¿me oyes?», antes de que mantuvieran una conversación a gritos por las ventanas de sus celdas a través del patio de ejercicio.

Máire fue como una madre para todas nosotras durante el corto periodo de tiempo que estuvo en Armagh. Nos sentábamos en el patio, nos contaba historias sobre todo lo que había conseguido, nos daba consejos, siempre nos escuchaba y nunca nos juzgaba.

Poco después de su excarcelación entró en el Mater Hospital de Crumlin Road en Belfast para que la operaran de cataratas. El 28 de octubre de 1976 varios miembros de la UVF (Fuerza Voluntaria del Úlster), disfrazados de médicos, fueron a la cama de Máire y efectuaron varios disparos. Murió en el acto.

Otras camaradas perdieron a familiares y amigos mientras estaban en la cárcel. Muchos voluntarios morían en la guerra y los lealistas asesinaban a civiles. Se detenía, torturaba, acusaba y encarcelaba a hombres y mujeres jóvenes.

Mi reducida zona en Short Strand fue castigada duramente. En un momento dado de 1977 entraron muchas jóvenes de esa zona en la cárcel de Armagh. En pocos días llegaron ocho, con dos pares de hermanas entre ellas. Las habían detenido a todas en una redada, junto a nueve más, diecisiete en total, y las habían interrogado en Castlereagh. Cuatro consiguieron salir bajo fianza y después se les impuso una condena en suspenso. De las otras cuatro –los dos pares de hermanas, Mary y Annie McCann y Lillian y Janette McMahon–, a las dos mayores, Mary y Lillian, les impusieron condenas cortas, cumplieron su prisión preventiva y las excarcelaron. Pero a sus hermanas, Annie y Janette, las sentenciaron a cuatro años –sin remisión de pena– y fueron enviadas a un correccional de menores en Escocia, a muchos kilómetros de sus familias y amigos, porque no pudieron recluirlas en ningún sitio en los seis condados. Afortunadamente, la red de apoyo a los presos republicanos llegó hasta allí y nunca estuvieron completamente solas.

Varios voluntarios del IRA de Short Strand murieron mientras yo estaba en prisión preventiva. Joey Surgeoner y Frank Fitzsimons murieron en una explosión inesperada, junto a Paul Marlowe, de West Belfast, en octubre de 1976.

Muchos civiles y amigos murieron también. Varios lealistas asesinaron a Paul McCrory y Marius O'Neill en octubre de 1976 cuando volvían a casa desde el Kelly's Bar, en Short Strand.

A una docena o más de jóvenes de la zona los recluyeron en los Bloques H. En septiembre de 1976, un mes después de que yo llegara a Armagh, se condenó a Kieran Nugent, de Falls Road, en Belfast, que tenía diecinueve años, a tres años de cárcel. Lo llevaron a los Bloques H y le ordenaron que se pusiera el uniforme carcelario. Kieran les dijo a los boqueras que tendrían que clavárselo en la espalda. Lo desnudaron y lo arrojaron a una celda. Fue el primer «hombre de la manta». Después, lo hicieron desaparecer.

Como no vestía el uniforme carcelario ni hacía trabajo penitenciario, le negaron las visitas, las cartas, los paquetes, todo material de lectura o escritura y hacer ejercicio. Nadie sabía qué le estaba pasando. No había manera de averiguarlo. Los que secundaron su protesta no sabían lo que les esperaba.

Cuando se empezó a condenar a los republicanos a cumplir su pena en los Bloques H, los presos preventivos de las cárceles de Armagh y Crumlin Road iniciaron una protesta en nombre de sus camaradas sentenciados.

Todas las semanas las presas debíamos comparecer ante un tribunal para que las sentenciara a prisión preventiva otra semana, hasta la instrucción preliminar. A partir de entonces esperábamos la fecha del juicio. Las comparecencias de las preventivas solo duraban unos minutos, pero tardábamos más de una hora en cada viaje de ida o vuelta desde Armagh a Belfast. Después pasábamos horas esperando en los calabozos de Townhall Street, mientras las boqueras aprovechaban y hacían sus compras en la ciudad. Para comparecer dos minutos ante el tribunal salíamos a las ocho de la mañana y volvíamos a las cuatro y media de la tarde.

Muchos familiares también viajaban desde todas partes del Norte para ir a Belfast y estar presentes en esos dos minutos de comparecencia.

De vez en cuando, muy de vez en cuando, había un periodista en el juzgado que nos ofrecía una mínima posibilidad de que se nos hiciera publicidad.

Los presos disponen de pocos medios para protestar, así que aprovechábamos la oportunidad que nos brindaban las comparecencias durante la prisión preventiva para dar la espalda al juez o gritar eslóganes desde el banquillo.

Durante un tiempo los presos en Crum se negaron a vestirse para acudir a las comparecencias y los boqueras tenían que llevarlos y sacarlos de la cárcel y el banquillo. Al poco, los jueces decidieron sentenciarlos en ausencia a prisión preventiva.

En Armagh intentábamos idear formas de comunicar un «alegato desde el banquillo» todas las semanas y, en una salida en particular de Rita Bateson, de Bone, en North Belfast, para acudir a una de sus comparecencias, esta sufrió un episodio grave de miedo escénico. Durante todo el viaje a Belfast en la parte trasera de la furgoneta de traslado tuvimos que escuchar una y otra vez «Nosotras, las mujeres de la cárcel de Armagh, apoyamos a nuestros camaradas de los Bloques H en su lucha para conseguir el estatus de preso político». Aquello continuó en Town Hall, mientras iba de un lado al otro del calabozo y repetía esa frase continuamente.

Cuando me llamaron para comparecer me fijé en que había muchos agentes de la RUC en los pasillos que conducían al tribunal. Hugh Rooney, un amigo de Short Strand, cuyo hermano Phillip cumplía condena en los Bloques H, estaba allí para su instrucción preliminar y era el único preso en los calabozos de debajo del tribunal. Hugh me gritó que había habido altercados en Crum.

Ocho agentes de la RUC me escoltaron mientras iba al banquillo. Di un paso adelante y cuando empecé a decir: «Nosotras, las mujeres de...», un policía me agarró y me echó hacia atrás. Me aferré a la barandilla con las dos manos, el policía tiró de mí con más saña y la sala estalló. Cuando grité: «Nosotras, las mujeres de...», el público vociferó: «¡Sois unos cabrones! ¡Dejad en paz a esa chica!». El juez golpeó con el martillo y pidió orden mientras se armaba un alboroto tremendo.

Me llevaron a rastras al calabozo, en el que Rita seguía repitiendo «Nosotras, las mujeres de la cárcel de Armagh...» mientras iba de un lado a otro. Transcurrió una eternidad. Pensamos que estaban esperando para llevar a su coacusado, Willie Johnston, desde Crum. Finalmente llamaron a Rita. Se fue murmurando para sus adentros, antes de regresar a los dos minutos y decir muy enfadada: «¡La maldita sala del tribunal está vacía!». Habían desalojado al público a la fuerza después del minialtercado. Todos sus ensayos no habían servido para nada.

Pero no habíamos desaprovechado el día. Regresamos a Armagh sin saber que aquel minialtercado y el desalojo de la prensa y el público de la sala del juzgado después de nuestra protesta había aparecido en los titulares de los principales telediarios y que se había informado de ello en los boletines de noticias de todas las emisoras de radio a lo largo del día. Cuando se abrieron las puertas del ala, Rita Bateson, Éilís O'Connor, Peggy Friel y yo recibimos una tremenda ovación por parte de las mujeres, que se habían puesto en fila a lo largo del pasillo. Fue una bienvenida de heroínas, ¡y la disfrutamos!

Quince años

Brenda Murray estaba detenida y acusada de colocar una bomba en una tienda del centro de Belfast. Era inocente, pero había firmado una declaración autoinculpatoria bajo coacción.

El juicio de Brenda empezó en noviembre de 1976 y todos los días, cuando volvía, nos contaba qué tal iba. Nos habló de una «testigo ocular» en especial, una empleada de la tienda que dio una descripción bajo juramento de la mujer que había dejado la bolsa con la bomba. Explicó que era alta y delgada y tenía pelo largo castaño y ojos negros. Nos pareció divertidísimo, porque Brenda medía poco más de metro y medio, tenía el pelo rubio corto, la piel muy blanca y los ojos claros.

El 1 de diciembre de 1976, varias de nosotras fuimos en una furgoneta de traslado a Townhall Street, en Belfast, para una comparecencia de prisión preventiva. Nos acompañó Brenda, que iba al Tribunal Supremo, donde se reanudaba su juicio.

El día pasó sin ningún tipo de incidente, excepto que la furgoneta fue a buscarnos muy tarde y todas estábamos aburridas y con ganas de volver a Armagh. Finalmente, a eso de las seis, llegaron los boqueras para recogernos. Mientras nos llevaban al aparcamiento íbamos hablando entre nosotras y cuando abrieron las puertas traseras nos encontramos a Brenda Murray pálida y llorosa. Los segundos de silencio se alargaron durante lo que nos pareció una hora, hasta que dijo: «Síle, me han caído quince años».

Me quedé sin habla. Sabía que no lo había dicho en broma, no era un chiste carcelario, era verdad. Brenda, una chica de dieciocho años que debería de estar en su casa para seguir con su vida, iba a volver a Armagh con una condena de quince años por delante. No podía creerlo.

Ni el resto de mujeres en Armagh, que habían oído la noticia en el informativo de la noche. Incluso algunas boqueras estaban sorprendidas.

Brenda volvió a Armagh esa noche sin saber qué le esperaba. Nadie lo sabía. Nadie creía que la fueran a condenar.

Cuando Brenda llegó a la cárcel, las boqueras le habían preparado una celda en la A1 y la verja que comunicaba con la A2 estaba cerrada. Sacó la silla de su celda y se sentó en la puerta mientras Mairéad y yo hacíamos lo propio al final de las escaleras y le preguntábamos qué quería hacer al día siguiente.

Brenda Murray no pertenecía al IRA. No tenía ninguna obligación de protestar, podía haber elegido el camino fácil. Podría haber aceptado el trabajo carcelario, dejar pasar el tiempo y esperar a que se presentara el recurso, pero Brenda ya había decidido qué rumbo iba a tomar. La habían arrestado en virtud de la Ley de Disposiciones de Emergencia, la División Especial de la RUC la había interrogado durante varios días, la habían amenazado, aterrorizado, maltratado y agotado hasta que había firmado una declaración escrita previamente, en la que confesaba haber colocado la bomba. Después había tenido que enfrentarse a la injusticia final, que la sentenciara un tribunal Diplock sin jurado, de acuerdo con la legislación engendrada por el Acta de Poderes Especiales, base del control unionista sobre la población nacionalista.

El creador del *apartheid*, Hendrik Verwoerd, antiguo primer ministro de Sudáfrica, comentó en una ocasión que cambiaría de buena gana todas las leyes represivas por una sola cláusula del Acta de Poderes Especiales. Y, tal como dijo el historiador Tim Pat Coogan: «Irlanda del Norte no está en un estado de emergencia, es un Estado de emergencia».

Brenda Murray, como muchos otros antes y después de ella, sabía que era una presa «especial», no una delincuente común decente. No iba a dejar que la criminalizaran.

Al día siguiente abrieron la celda de Brenda y la jefa de servicio –la boqueras encargada del ala– le preguntó si iba a ir a trabajar. Brenda no contestó y la puerta se cerró. Una hora más tarde volvió a abrirla el alcaide, acompañado por la jefa de servicio, una funcionaria superior y una funcionaria principal.

Lo que sucedió a continuación marcó la pauta para los años siguientes. El alcaide dijo: «Se le ha acusado de infringir el reglamento penitenciario. ¿Se declara culpable o no culpable?». No hubo respuesta. «Presentaré una declaración de no culpabilidad en su nombre». Después llamó a la jefa de servicio y le pidió que aportara las pruebas. Esta dio un paso adelante y dijo: «A las ocho y media he entrado en la celda de Brenda Murray y le he preguntado si iba a trabajar. Ha contestado que no». Entonces el alcaide declaró: «Se le ha declarado culpable de infringir el reglamento penitenciario, por lo que le impongo una semana de pérdida de remisión de pena, de una visita, de un paquete, de relación con las compañeras y de salario. ¿Desea decir algo?».

Esa pantomima se repitió *ad infinitum* hasta que la protesta acabó en 1981. Nunca cambió, hasta que conforme pasó el tiempo y aumentó el número de presas que secundaban la protesta, imponía sus sentencias cada cuatro semanas. Una visita de la familia al mes era reglamentaria, así que por mucho que le hubiese gustado, no podía prohibirla. Por eso recibíamos una visita de media hora y un paquete cada veintiocho días. En los paquetes había jabón, champú, pañuelos y medio kilo de fruta, manzanas o naranjas. También se nos permitía recibir revistas religiosas. Cualquier tipo de lectura era mejor que ninguna.

Ese mes de diciembre condenaron a tres mujeres: Brenda Murray, seguida de Eileen Morgan y Mairéad Farrell, a las que se les impuso catorce años. Se trasladó a las tres a celdas del A1.

El abogado de Brenda presentó inmediatamente un recurso de apelación contra la condena. Finalmente se concedió un nuevo juicio a Brenda y se la declaró no culpable, pero pasó un año y medio en la cárcel de Armagh antes de que la excarcelaran.

Juicio

Mi juicio se celebró durante tres días en febrero de 1977. Desde el día en que se nos condenó, el abogado de mi coacusada, Bernardette, nos aconsejó que nos declaráramos culpables. También lo hizo durante la instrucción preliminar y al comienzo del juicio, y me instó continuamente a que lo contratara como abogado, ya que según él era una locura no reconocer el tribunal. Me aseguró que podría llegar a un acuerdo con el fiscal general del Estado y conseguirme «quince años». Rechacé su oferta. Bernardette, según le había recomendado su abogado, se declaró culpable de todos los cargos y yo me negué a reconocer el tribunal. Hicieron salir a Bernadette de la sala, pues su juicio había concluido, y la llevaron a Middletown, donde esperó el resultado del mío y a que la volvieran a llevar allí para sentenciarla.

Como no había reconocido el tribunal –reconocer la jurisdicción de un tribunal británico y su derecho a sentenciar a una republicana irlandesa–, el juez Robert Babington (que había sido diputado unionista en Stormont de 1968 a 1972) se presentó a sí mismo una declaración de no culpable por mi parte, porque no estaba representada en el tribunal. Aquello implicaba que tenía que oír todos los testimonios. Se llamó al perito forense de la RUC para que describiera la composición de los artefactos explosivos que se habían encontrado en Ross's. El juez Babington le preguntó si habían explotado y habían lanzado metralla. El perito forense describió los artefactos y explicó que contenían tubos pequeños de gasolina y pilas. El juez prosiguió con esa línea de interrogatorio. Preguntó si había alguna circunstancia en la que aquellos artefactos pudieran haber explotado. El perito contestó que lo habrían hecho si hubieran estado cerrados herméticamente dentro de una caja metálica; que aquello habría provocado una acumulación de calor y que la dilatación habría conseguido que la caja explotara. El juez preguntó si los artefactos estaban metidos en cajas metálicas y el perito contestó que no, que se habían encontrado escondidos debajo de los cojines de unos sillones.

Al cabo de dos días, una vez expuestos los testimonios de la RUC, el juez anunció que dictaría sentencia al día siguiente, 23 de febrero de 1977.

Ese día llevaron a Bernadette de nuevo al tribunal y se sentó a mi lado mientras el juez enumeraba todos los testimonios que había escuchado. No parecía contento. Señaló que los cargos tenían relación con atentados con explosivos, pero que el perito forense de la RUC había declarado bajo juramento que los artefactos que se encontraron en Ross's no contenían explosivos. Empecé a darme cuenta, al igual que el detective de la División Especial que nos había acusado, de que me iba a librar de las dos primeras imputaciones. Me volví para mirar a mi hermano Bernard y a mi hermana Noreen, que estaban sentados detrás de mí en la tribuna del público, levanté una mano abierta y moví los labios para decir: «¡Cinco años! ¡Cinco años!». Estaban atónitos. Yo estaba eufórica. Cinco años era la condena máxima que en ese momento podía dictarse por pertenencia al IRA. Había preparado a mi familia para una condena de al menos catorce años. Eileen Morgan se había enfrentado a cargos similares y la habían sentenciado a catorce años.

El juez Babington me amonestó y declaró que había quedado demostrado que era un miembro comprometido de una organización terrorista. Al final de su recapitulación, el abogado de Bernadette fue a toda prisa hacia ella y le susurró: «Declárese no culpable de los dos primeros cargos».

Al final de un juicio existe un procedimiento que permite que los acusados vuelvan a declararse, y eso fue lo que nos ofreció Babington. De nuevo, no le hice caso, pero en esa ocasión, cuando leyó los cargos uno a uno, Bernadette se declaró no culpable de los dos primeros y culpable del cargo de pertenencia a una organización terrorista. Tal como esperaba, Babington dijo que no podía declararnos culpables de los cargos por tenencia de explosivos, por lo que nos sentenciaba a cinco años por pertenencia al IRA.

Al ser menor de edad, Bernadette cumplió condena en Middletown y se libró de todo lo que sucedió en la cárcel de Armagh.

Cuando volví a Armagh después de haber sido condenada a solo cinco años por pertenecer al IRA, todas mis «supuestas» camaradas se habían alineado en el ala de las presas preventivas y empezaron a cantar a pleno pulmón: «¡Te queremos, juez! ¡Claro que sí!». También me hicieron una de las peores bromas que he recibido en toda mi vida: Mairéad, Eileen y Brenda me habían hecho la cama y dispuesto los muebles en la celda, y cantaron una versión de *Bienvenida a casa*, de Peters and Lee, cuando atravesé el ala.

Secundar la protesta

No había duda de que me uniría a la protesta. Si alguna de las mujeres se cuestionó esa decisión, en lo relativo a ellas mismas o a otras personas, nunca se comentó. Las cosas eran así. Fui al juicio, me condenaron, regresé a Armagh y me uní a la protesta.

La alternativa era aceptar la criminalización y lo que conllevaba. Aceptar que los británicos tenían razón al etiquetarnos a nosotras y a nuestros camaradas como criminales; que nuestras familias y comunidades no tenían derechos ni recurso a la justicia y que los unionistas y lealistas, los políticos británicos, su ejército y policía podían maltratarnos y denigrarnos.

Doblegarse ante la criminalización significaba aceptar que una boqueras unionista en la cárcel de Armagh podría decirme que saltara y que yo debería preguntarle: «¿Desde qué altura?»; que podrían llamarme por mi número y yo tendría que tratarlas de «señora»; que tendría que cumplir la condena en la lavandería lavando sábanas o en los talleres de la cárcel cosiendo uniformes carcelarios y que debería someterme a todos sus caprichos sin rechistar.

Y que debería renunciar a la camaradería y amistad de mis camaradas republicanas a cambio del aislamiento y soledad de las delincuentes comunes decentes.

No, nunca me lo planteé. Para mí, por mal que fuera todo, la alternativa era mucho peor.

Así que el grupo de sillas alrededor del final de las escaleras del ala A siguió aumentando. A través de los barrotes de la verja se pasaba comida, cigarrillos, libros, mensajes entrados de contrabando –comunicaciones– y dulces. Lo único que perdíamos eran las horas que nos obligaban a estar encerradas en las celdas y la retirada de tres visitas al mes.

Conforme fuimos creciendo en número, se impusieron turnos, pero en esa ocasión no para el tocadiscos. Había dos baños en cada planta. Entre nosotras, las presas comunes y las lealistas, era imposible que nos ducháramos o bañáramos todos los días, sobre todo porque las presas comunes no estaban obligadas a colaborar con nosotras.

Tuvimos que organizar turnos para todo: bañarse, lavar la ropa y planchar tenía que hacerse en dos horas por la mañana. Darse un baño era poco frecuente, se tardaba demasiado, se utilizaba demasiada agua caliente, la calefacción no era moderna y el agua caliente se acababa en seguida.

También teníamos turnos para las visitas mensuales: un sábado cada quince días y, alternativamente, un miércoles. Se estipuló así porque todas preferían las visitas en sábado, pero no podían concertarse a la vez. También organizábamos las visitas de forma que pudiéramos asegurar el flujo continuo de comunicaciones desde y hacia Belfast, mantener informado al Movimiento en el exterior de lo que estaba sucediendo en Armagh y un suministro constante de tabaco entrado de contrabando. Las presas republicanas se mostraron muy disciplinadas en lo relativo a esos turnos y los aceptaron sin protesta de ningún tipo.

Intento de desconectar el A1 del A2

El alcaide y las boqueras tenían muy claro que sus mezquinos intentos para doblegarnos no funcionaban, por lo que elevaron el listón.

A principios de 1977 entraron unos boqueras con láminas de madera contrachapada y bloquearon las escaleras que iban del A1 al A2. Creyeron que aquello cortaría el canal de comunicación con el mundo exterior, pero, para llevar a las presas preventivas a las visitas, las boqueras tenían que bajarlas por las escaleras, conducirlas por el A1 y repetir el mismo viaje de vuelta. Siempre había mujeres que eran lo suficientemente rápidas como para ir a la puerta de una celda y pasar un comunicado. Los boqueras no habían tapado las ventanas de las celdas –no había razón para hacerlo–, por lo que las presas que estaban en el lado del patio de ejercicio pasaban y recibían cosas cuando las presas preventivas hacían ejercicio. También tenían que llevarnos por el A2 para confesarnos los sábados e ir a misa los domingos.

Pasar comida o cigarrillos era ligeramente más complicado, pero las presas preventivas esperaban hasta bien entrada la noche y utilizaban cuerdas hechas con lana trenzada para bajar bolsas de plástico con comida y cigarrillos desde sus ventanas a las nuestras, que estaban debajo. Aquello funcionó durante un tiempo, hasta que los boqueras se percataron de lo que estaba pasando y se escondieron debajo de las ventanas para cortar las cuerdas que bajaban las bolsas.

Las autoridades de la cárcel se dieron cuenta de que, si querían aislarnos y forzarnos a poner fin a la protesta y acceder a trabajar en los talleres, tendrían que hacernos la vida mucho más difícil.

En 1976 se empezó a construir el ala C, de una sola planta, en el extremo del patio de ejercicio del ala B, y se acabó en 1977. Estaba separada de la cárcel, sin conexión con el círculo. Se edificó específicamente para albergar a las reclusas con estatus de presas políticas, pero conforme pasaron los años y su número disminuyó, se utilizó para confinar a delincuentes juveniles, mujeres entre dieciséis y diecinueve años. En 1977 se trasladó a las condenadas con estatus de presas políticas al ala C y a las presas comunes condenadas y las que secundábamos la protesta al ala B.

Aisladas en el ala B, sin paquetes ni cigarrillos, tuvimos que encontrar la forma de conseguir tabaco, papel de liar y algo con lo que suplementar nuestra escasa dieta, y nos convertimos en las peores pecadoras que jamás hubiera visto la cárcel de Armagh.

El padre Raymond Murray había sido el capellán de la cárcel durante muchos años. Era un firme defensor de la lucha de los nacionalistas por los derechos civiles y humanos, y un gran amigo de las presas. Confesaba los sábados por la tarde en una habitación pequeña en la parte de atrás de la capilla de la cárcel, situada al final de las alas A y B, por encima del círculo.

El sábado por la tarde el padre Murray preguntaba a las presas preventivas quién quería confesarse y estas se ponían en fila; las republicanas, con camisetas y pantalones holgados, se unían una por una. A nosotras nos llevaban después de las preventivas y mientras pedíamos una «absolución general» nos metíamos en las mangas de las parkas o en la cintura de los pantalones los paquetes de galletas, chocolate y tabaco que habían dejado las preventivas republicanas.

Finalmente, las boqueras se enteraron de lo que estábamos haciendo e insistieron en que el ala B fuera a confesarse antes, por lo que cambiamos la táctica. Las preventivas traían todo lo que podían los domingos y nos lo pasaban durante la misa.

Al cabo de un tiempo, las boqueras empezaron a registrar a las preventivas cuando iban a misa. Las preventivas republicanas se negaron a que las registraran y las boqueras impidieron que fueran a misa. El padre Murray protestó ante el Gobierno irlandés y británico, y la Oficina de Irlanda del Norte en nombre de las presas, pero esta última insistió en que no estaban haciendo nada malo.

Las condenadas mantuvimos nuestra protesta. Entrábamos en misa y Mairéad o yo informábamos al padre Murray de nuestras intenciones. Nos permitía hablar con las presas con estatus político y luego, cuando entraba en la habitación, las presas republicanas se levantaban, salían y dejaban que una o dos presas comunes oyeran misa.

Aumento del número de presos

El número de presos en los Bloques H y de presas en Armagh que secundaban la protesta siguió aumentando. Los republicanos, dentro y fuera, intentaban encontrar formas de salir de ese punto muerto, y las comunicaciones, introducidas y sacadas de contrabando, entre las cárceles y el exterior eran frecuentes. El trabajo carcelario punitivo que nos exigía la Administración era inaceptable. Las propuestas para opciones alternativas incluían la formación educativa y vocacional a tiempo completo, el mantenimiento de nuestras alas y poder cocinar y lavar la ropa. El Gobierno británico no aceptó ninguna de esas sugerencias. Estaba decidido a quebrantar la voluntad de los presos y se negó a iniciar algún intento de negociación o compromiso.

Quería que los presos vistieran el uniforme carcelario, se mezclaran con los delincuentes comunes decentes, trabajaran en los talleres de la cárcel, recibieran órdenes de los boqueras y aceptaran la criminalización de la resistencia irlandesa ante la injusticia y la dominación británica.

En marzo de 1978 la situación en los Bloques H se agravó drásticamente. Tras recibir graves palizas de los boqueras cuando vaciaban los orinales o se lavaban, los presos decidieron no salir de las celdas. Comenzó la protesta sucia. Arrojaban la orina por debajo de las puertas y esparcían los excrementos en las paredes de las celdas.

La situación se deterioró rápidamente. En julio de 1978 el entonces arzobispo de Armagh, Tomas Ó Fiaich, fue a ver a varios de sus feligreses encarcelados en los Bloques H. Después de la visita hizo una declaración devastadora sobre las condiciones. Dijo:

> He pasado todo el domingo en la cárcel. Me han impresionado las condiciones inhumanas que imperan en los Bloques H 3, 4 y 5, en los que están recluidos más de trescientos presos. Difícilmente se permitiría que un animal viviera en esas condiciones, y mucho menos un ser humano. Lo más parecido que he visto fue el triste espectáculo de cientos de personas sin hogar apiñados en las tuberías del alcantarillado de los suburbios de Calcuta. El hedor y la suciedad en algunas de las celdas, mezclado con los restos de comida podrida y excrementos en las paredes, era casi insoportable. En dos de ellas fui incapaz de hablar, por miedo a vomitar.
>
> Las celdas de los presos carecen de camas, sillas o mesas. Duermen en colchones en el suelo y en algunos casos estaban muy mojados. No tienen nada con qué cubrirse, a excepción de una toalla o una manta [...] Están encerrados casi todo el día y algunos de ellos llevan en esa situación más de un año y medio.
>
> [...] El problema de esos presos es uno de los grandes obstáculos para que haya paz en nuestra comunidad. Mientras continúe, será una causa potencial de resentimiento en los presos, que engendrará frustración entre sus familiares y amigos y fomentará el rencor entre los presos y el personal de la cárcel. Se están sembrando las semillas de más conflictos.

En Armagh las condiciones no eran tan malas. Perdíamos visitas, paquetes y reducción de condena, pero vestíamos nuestra ropa, seguíamos haciendo ejercicio y nos dejaban salir dos horas de la celda por la tarde. Pero, al cabo de dos años, la situación en la cárcel de Armagh y en nuestras condiciones de vida también cambio radicalmente.

Uno de los mayores problemas a los que nos enfrentábamos en Armagh era la falta de comida decente. El desayuno consistía en una tostada con margarina y gachas o cereales. Siempre preferíamos los cereales, porque podíamos guardarlos para la comida o la cena. Algunos de los platos que el cocinero parecía disfrutar preparando eran repugnantes e incomibles: como buñuelos de carne de cerdo o vacuno, que eran rodajas de carne de cerdo o vacuno en conserva, rebozadas y fritas, tan grasientas que todavía rezumaban aceite cuando llegaban al ala. Otro plato que el cocinero enviaba habitualmente era hígado frito con cebolla y espagueti de lata. Siempre sabíamos cuándo venía de visita alguien importante, como el Comité de Inspección –civiles y profesionales encargados de inspeccionar las cárceles–, porque la comida era buena ese día. La inspección de las cocinas formaba parte de su cometido.

No cabe duda de que, debido a las condiciones antinaturales en las que vivíamos y la pérdida de peso, muchas mujeres tuvieron problemas médicos como dolores de cabeza intensos, desmayos, problemas de visión, erupciones cutáneas, problemas dentales (dientes flojos y sangrado de encías) y trastornos menstruales (ausencia de menstruación o reglas irregulares). Las boqueras nos entregaban la protección sanitaria un día al mes. Si una mujer tenía un periodo abundante y necesitaba más o si la menstruación de alguna empezaba antes, eran casos de mala suerte.

La atención médica era mínima. Un día una boqueras repartía las cartas y al siguiente vestía una bata blanca encima del uniforme y entregaba la medicación. El médico de la cárcel, Cole, venía una vez al día para pasar visita y un dentista una vez a la semana o cada quince días, dependiendo de la demanda. Cole pasaba visita en el ala hospitalaria, una sección del círculo encima de la entrada, a menos que una presa estuviera demasiado enferma para desplazarse hasta allí, caso en el que se veía forzado a venir al ala.

Negligencia médica

Nuestra camarada Deirdre (no es su verdadero nombre) sufrió uno de los peores ejemplos, tanto de negligencia médica como de vergüenza política.

La arrestaron en octubre de 1976 y la acusaron de un delito cometido en 1974. La recluyeron en el ala A junto con el resto de presas preventivas, pero su abogado argumentó que debía aplicársele el estatus de presa política porque sus cargos eran anteriores a la retirada de ese estatus. Las autoridades penitenciarias se negaron a trasladarla, a menos que lo solicitara el secretario de Estado británico, y permaneció en el ala A.

Deirdre padecía una enfermedad por la que le resultaba difícil, y en ocasiones imposible, comer sin vomitar. Durante el tiempo que pasó en prisión preventiva recibía tres paquetes enormes de comida cada semana y comía continuamente para no perder fuerzas. Pero en cuanto lo hacía, vomitaba.

La condenaron en febrero de 1978 a permanecer recluida «a voluntad del secretario de Estado»: en otras palabras, como presa a cadena perpetua sin fecha de puesta en libertad. Su abogado seguía alegando que debía ser tratada como una presa política y, mientras sucedía todo eso, no se le pidió que trabajara, a pesar de que se había unido a la protesta. Poco después de la condena, su padre se puso muy enfermo y tuvieron que hospitalizarlo. Deirdre solicitó un permiso por razones humanitarias y se le permitió una visita de cuatro horas en el hospital, aunque vigilada en todo momento por miembros de la RUC y escoltada por dos boqueras en la habitación de su padre.

En marzo de 1978, Roy Mason, secretario de Estado del Gobierno británico para Irlanda del Norte, decidió que Deirdre no podía disfrutar del estatuto de presa política.

Se le ordenó que trabajara, ella se negó y se la castigó. Aquello implicaba que dejaba de recibir los paquetes de los que dependía. Solo podía contar con la comida de la cárcel y, a pesar de que era escasa, todas pedíamos a las boqueras que llevaran parte de la nuestra a Deirdre, en un vano intento porque no perdiera fuerzas.

Poco después de que se decidiera no concederle el estatus de presa política, su padre murió. Se le denegó un permiso para asistir al funeral.

Durante la protesta la salud de Deirdre se deterioró rápidamente. En varias ocasiones llegó a un punto en el que no podía salir de la cama o ni siquiera levantar la cabeza. Cuando pesaba menos de treinta y dos kilos, Cole declaró que estaba incapacitada para trabajar. Entonces la trasladaron al Craigavon Hospital y le pusieron un gotero con una solución salina y glucosa, que le aportó energía y volvió a la cárcel sintiéndose algo mejor. Su estado mejoró ligeramente y pudo comer un poco sin vomitar, con lo que su peso mejoró ligeramente. Pero entonces Cole la declaró apta para trabajar y comenzó el mismo proceso de nuevo.

Asesinato de una funcionaria de prisiones

En abril de 1979 el IRA asesinó a la funcionaria de prisiones Agnes Wallace.

Oímos la explosión y después disparos, a poca distancia de la puerta principal de la cárcel, que acabaron con la vida de la primera funcionaria de prisiones muerta en el conflicto.

Cuatro boqueras iban a comer a un café cercano, totalmente ajenas a lo que sucedía a su alrededor. Una unidad del IRA detuvo un coche a su lado, lanzó una granada y abrió fuego. Wallace murió en el acto y las otras tres funcionarias resultaron gravemente heridas.

Inmediatamente después del asesinato, las boqueras de Armagh se vengaron con nosotras. La cárcel se cerró y los dos primeros días no se nos permitió hacer ejercicio, utilizar los servicios o vaciar los orinales. Las boqueras se negaron a encender las luces cuando se hizo de noche. Controlaban los interruptores, que estaban fuera de las celdas. A cambio, bloqueamos las mirillas de las puertas para que no pudieran hacer el recuento obligatorio. Después, atacaron física y verbalmente a cualquiera que fuera al baño o a por comida. El acoso duró más de una semana y solo se le puso fin cuando Mairéad advirtió a Scott que si aquello continuaba, vaciaríamos los orinales a través de las mirillas.

Muerte de Kevin Delaney

En enero de 1980, el voluntario del IRA Kevin «Dee» Delaney, de Belfast, murió a causa de una explosión fortuita mientras llevaba a cabo una misión.

El 27 de enero, último domingo del mes, nos congregamos en el patio de ejercicio para rendir homenaje a nuestro camarada caído. Treinta de nosotras secundábamos la protesta y las treinta, vestidas con nuestro «uniforme» de falda, jersey, zapatos y boina negros, formamos en el patio de ejercicio del ala B y estuvimos en posición de firmes durante el minuto de silencio.

Durante años, el último domingo de todos los meses en los que hubiera muerto un voluntario, las presas, preventivas o condenadas, organizábamos esas conmemoraciones, vestidas con ropa que nos habían enviado o había pasado los registros e inspecciones de la cárcel.

7 de febrero de 1980

El 7 de febrero la comida de mediodía llegó inusualmente más pronto que de costumbre al ala B. Una o dos mujeres fueron al hornillo cercano a la entrada y nos gritaron a las que estábamos en el B2 y B3 que había pollo con patatas. Aquello fue una sorpresa, porque normalmente solo nos daban alimentos comestibles cuando venía de visita alguna organización del exterior. No estábamos acostumbradas a lujos como pollo con patatas y, a esas horas, seguramente todavía no se habría enfriado.

La mayoría de nosotras nos dirigimos con los platos hacia el piso de abajo. En ese momento todavía no sabíamos que la comida también había llegado pronto al ala A y que ya se había servido y encerrado a las preventivas.

El hornillo del ala B estaba junto a la parte delantera del ala, en lo alto de las escaleras que subían desde la entrada con verja. Frente al hornillo había una puerta que daba al pasillo que conectaba el ala B con el ala A y siempre estaba cerrada. A pocos metros del hornillo estaba el cuarto de guardia, una celda que las boqueras utilizaban como oficina y, a pocos metros de allí, en el centro del ala, comenzaba el primer tramo de escaleras que conducían a los pisos B2 y B3, en los que estaban nuestras celdas.

La mayoría estábamos haciendo cola en el hornillo para que nos sirvieran la comida cuando la puerta del pasillo que llevaba al ala A se abrió y entraron veinte o treinta boqueras –tal como supimos más tarde, muchos venían de los Bloques H– y formaron una fila doble de un lado al otro del ala B, frente a las escaleras. Los habían llevado al ala A después de encerrar a las preventivas.

No vestían el uniforme habitual de pantalones y guerreras azules, sino monos negros. Algunos llevaban casco y todos se habían puesto guantes. Se quedaron quietos, con los brazos cruzados y las piernas abiertas, el entrecejo fruncido y la vista fija en nosotras. Nos lanzaron una mirada feroz, parecían estar evaluándonos, aunque no teníamos ni idea de con qué propósito. Siguieron allí, codo con codo, bloqueando el ala con dos semicírculos; altos, fuertes y rebosantes de salud, intimidándonos total y absolutamente.

No sabíamos qué estaba pasando, pero no tardamos en descubrirlo.

El alcaide George Scott se abrió paso entre las dos filas de boqueras, se detuvo delante de ellos y gritó que se iba a llevar a cabo una inspección en el ala, que todas las celdas se registrarían y que mientras tanto nos encerrarían en las celdas comunes. Aquello era inusual. Anteriormente se habían hecho muchos registros, pero siempre nos habían encerrado en nuestras celdas mientras los realizaban. Primero registraban los baños y las celdas comunes y después inspeccionaban a fondo las celdas, incluida la retirada de la ropa de cama, la relectura de cartas previamente censuradas, la puesta patas arriba de todo el mobiliario, los cacheos corporales e incluso la comprobación de la parte de arriba de las puertas. No entendíamos por qué se había cambiado ese procedimiento. Mairéad y yo empezamos a ir hacia Scott para protestar y algunas de las mujeres que estaban cerca de las escaleras intentaron apartar a los boqueras para volver a las celdas. Entonces, se armó la de Dios.

Golpes y patadas

Era evidente que, previendo que habría problemas, los boqueras se habían incitado los unos a los otros y se volvieron locos.

Atacaron a la mujer que se les había acercado con puños y pies. Sujetaron a mujeres con llaves de cabeza, les retorcieron los brazos y soltaron patadas y puñetazos. Mientras tanto, Scott, que se suponía que estaba al mando, se abrió paso entre los boqueras, se puso a salvo en la oficina y las boqueras lo siguieron corriendo. Aquello dio carta blanca a los boqueras.

Algunas llevábamos casi tres años en la protesta y la falta de ejercicio, los encierros y la dieta escasa habían conseguido que ninguna de nosotras pesara más de cincuenta y pocos kilos. Y nos estábamos enfrentando a boqueras sobreexcitados, con la adrenalina disparada, que embestían indiscriminadamente. Mairéad y yo nos dimos cuenta de que, si no controlábamos la situación, algunas de nuestras camaradas resultarían heridas de gravedad. Nadie estaba al cargo de los boqueras, así que tendríamos que ser nosotras las que detuviéramos aquella masacre. Empecé a suplicar a las mujeres que estaban cerca del hornillo, que se defendían arrojando platos a los boqueras, mientras que Mairéad comenzó a protestar frente a ellos.

Tuvimos que soltar a algunas mujeres de las garras de los boqueras. A Anne-Marie Quinn la tenían sujeta con el cuello contra la barra lateral de las escaleras metálicas y se estaba ahogando; a Maureen Gibson la habían lanzado contra una pared; a Shirley Devlin la habían zarandeado como si fuera una muñeca de trapo y a otras mujeres les habían dado patadas y puñetazos. Empezamos un tira y afloja con los boqueras para soltarlas, al tiempo que intentábamos razonar con ellos para que dejaran de pegarnos. Nos costó tiempo, pero finalmente controlamos la situación.

Pedimos a las mujeres que todavía estaban arriba que bajaran antes de que subieran los boqueras. Sabíamos que una vez arriba, las palizas comenzarían de nuevo. Cuando conseguimos que todas se reunieran cerca del hornillo en la planta baja, analizamos la situación y reconocimos que no teníamos nada que hacer contra esos boqueras. Intentar luchar contra ellos era inútil y no queríamos que ninguna de nuestras camaradas sufriera heridas graves. Se lo explicamos a las mujeres y, cuando la situación se calmó, Mairéad se fue con un grupo y yo con otro a una de las celdas comunes dobles.

Pasamos las siguientes horas oyendo el ruido que hacían los boqueras mientras destrozaban el ala. Pedimos asistencia médica para las mujeres heridas y vino una boqueras con bata blanca, cuya única cualificación era repartir pastillas para el dolor de cabeza. Hubo que discutir por cada mujer que quiso ir al servicio y, cuando se las autorizó, tuvieron que ir acompañadas a la ida y a la vuelta por tres boqueras, dos de ellos hombres y una mujer.

Mientras tanto, las preventivas y las presas comunes condenadas que habían dejado en el ala A estaban encerradas en sus celdas, probablemente para evitar más disturbios y facilitar que los boqueras se concentraran en nosotras. Además, se prohibió la entrada a los trabajadores sociales, los visitantes civiles y el padre Murray.

Finalmente, a las cinco y media de la tarde, nos comunicaron que podíamos volver, una a una, a las celdas. Conforme cada mujer salía de la celda común, rodeada por boqueras, una boqueras le hacía un cacheo prolongado y exhaustivo delante de ellos. Después, la escoltaban a su celda por los pasillos llenos de boqueras alineados. Entonces abrían la puerta y la presa entraba en una celda destrozada.

Se habían llevado todos los objetos personales, excepto la ropa. Habían hecho pedazos las radios, roto las fotografías y requisado las cartas, que ya habían pasado por el censor de la cárcel. Confiscaron todo lo que tuviera una sola palabra de irlandés: postales, cartas o fotos. El tabaco y los papeles de liar habían desaparecido, al igual que toda la ropa negra, incluidas medias y bragas, que había sido el pretexto obvio de aquel registro.

Al cabo de una hora, Scott mandó llamar a Mairéad. Esta prácticamente fue corriendo hasta la oficina, furiosa por lo que había sucedido y decidida a hacérselo saber. Se puso como una fiera contra el alcaide por su comportamiento y el de su personal, pero este se mostró sorprendido. Le contestó que quería ver a algunas de las mujeres en el cuarto de guardia en vez de en sus celdas, como era el procedimiento habitual. Le preguntó a Mairéad qué pasaría cuando se pidiera a esas mujeres que fueran al cuarto de guardia. Esta le contestó que tendría que esperar para saberlo. Se había presentado un parte contra Ann Bateson, Eileen Morgan, Éilís O'Connor y Ann Marie Quinn por un incidente que había sucedido en el patio de ejercicio unos días antes. Se vieron involucradas en un altercado con unas boqueras y cuando estas pulsaron el timbre de alarma, varios boqueras las atacaron. Como era habitual después de ese tipo de incidentes, se acusó a todas las mujeres republicanas de infringir el reglamento penitenciario y atacar a funcionarios de prisiones.

Más agresiones

Tras la reunión con Scott en el cuarto de guardia, Mairéad vino a mi celda y me informó a través de la mirilla de lo que había hablado con él y de que quería ver a Ann, Eileen, Éilís y Ann Marie en el cuarto de guardia. Me contó lo que estaba pasando en el ala, que los boqueras parecían controlarla, que se percibía tensión en el ambiente, que vigilaban todos sus movimientos y que se sentía intimidada. Después informó a las mujeres que aparecían en el parte de que

Scott quería verlas en el cuarto de guardia. Tuvo que atravesar filas de boqueras hasta la puerta de cada una de ellas para contarles lo que había hablado con Scott. Las cuatro se mostraron inflexibles y dijeron que no irían a verlo. Y las cuatro sospecharon lo que iba a suceder.

Mientras Mairéad estaba hablando a través de la mirilla con Ann Bateson, saltaron sobre ella. La mantuvieron con la espalda contra la puerta de la celda y empezaron a propinarle patadas y puñetazos. Después la sujetaron por los brazos y las piernas, y la llevaron por el pasillo sin dejar de golpearla. La arrojaron a una celda vacía, en la que siguieron atacándola mientras estaba en el suelo. Después centraron su atención en las otras.

Enviaron a los boqueras a las celdas de las mujeres que aparecían en el parte. Abrieron las puertas una detrás de otra. En cada ocasión entraban cuatro boqueras vestidos con equipo antidisturbios y escudos de cuerpo entero de policarbonato. Dos de ellos utilizaban fuerza bruta para colocarlas contra la pared o la cama con un escudo, aplastarlas y que no pudieran moverse. Después aparecía una de las boqueras e identificaba a una o a las dos mujeres como las «infractoras», momento en el que entraban los otros dos boqueras. Los cuatro agarraban por los brazos y las piernas a la que había sido denunciada y, a pesar de que protestaba y se resistía cuanto podía, la sacaban de la celda a duras penas, ya que las puertas solo eran lo suficientemente anchas para que pasara una persona. En el pasillo otro boqueras la agarraba por la cabeza y la comitiva iba dando tropiezos y trompicones por dos tramos de escaleras hasta la oficina en la planta de abajo.

Cuando estuvieron dentro, no les dieron tregua. Los boqueras sujetaban a la presa, que no dejaba de forcejear, con los brazos y las piernas abiertos, mientras Scott le leía los cargos. Una vez satisfecho porque se había seguido el procedimiento, los boqueras llevaban a la presa a la celda y la arrojaban con fuerza al suelo.

Durante todo ese tiempo las otras tres mujeres oían los gritos ahogados, el ruido de las pisadas con botas pesadas y la agresión verbal, mientras esperaban su turno para que las llevaran al cuarto de guardia.

Ese mismo proceso, con distintos grados de brutalidad, se repitió tres veces más. El resto solo podíamos oír que se maltrataba e insultaba a nuestras camaradas y golpeábamos las puertas metálicas de las celdas para protestar.

Habían tardado horas en cachearnos a todas y volvernos a meter en las celdas, antes de agredir a las mujeres que aparecían en el parte. No habíamos tomado nada desde el desayuno a las ocho de la mañana y la comida se la habíamos arrojado a los boqueras. La cena no llegó, pero a las nueve vinieron las boqueras y repartieron té y sándwiches. Mairéad y yo intentamos conseguir atención médica para las heridas, pero nadie nos hizo caso.

Y así acabo el 7 de febrero de 1980 en la cárcel de Armagh.

Aquella noche, cuando el ala se calmó, gritamos a las presas preventivas en el ala A para informarles de lo que había sucedido. Habían oído el alboroto que se había producido en nuestra ala y estaban preocupadas.

En el ala B apenas pudimos descansar, por las continuas comprobaciones en las mirillas, el ruido de las risas y las conversaciones de los boqueras, y la preocupación por lo que nos depararía el día siguiente.

Protesta sucia

Al día siguiente en el ala A mantuvieron encerradas en sus celdas a las preventivas como castigo por haber gritado a través de los patios de ejercicio y las boqueras entraron en las de todas las presas republicanas y sacaron las mesas y taquillas para evitar que se asomaran a las ventanas y volvieran a gritar.

En el ala B no nos dejaron salir para ir a recoger el desayuno, sino que nos lo trajeron las boqueras. Abrieron las celdas una por una y nos entregaron cuencos de plástico (con un tercio de cereales), tostadas con margarina y tazas de plástico con té. Iban acompañadas por boqueras hombres. Las mujeres no cruzaron ni una palabra con las boqueras, excepto Mairéad y yo, que exigimos ver al alcaide y solicitamos atención médica para las heridas y mantener una entrevista con el asistente social de la cárcel.

Pasamos la mañana en compás de espera. Mairéad y yo seguimos tocando el timbre para llamar a las boqueras y que nos dejaran hacer ejercicio, ir al servicio y al baño, y ver al alcaide y a un médico. Seguimos sin tener ningún tipo de respuesta.

Nos trajeron la comida a las celdas. Para entonces ya habíamos indicado a las mujeres que exigieran su derecho a hacer ejercicio, a lavarse, a utilizar los servicios y a ver a un médico y al asistente social. Una cascada continua de exigencias siguió el paso de las boqueras, junto con abucheos al «servicio de habitaciones».

Entonces se produjo un cambio, se oyó una puerta que se abría, murmullos, después hubo una pausa y una voz gritó: «¡Nos dejan salir a hacer ejercicio!». Al cabo de otra pausa corta, la misma voz anunció que nos iban a sacar una a una. Fui la tercera en salir. Cuando estaba fuera de la celda, me dirigí a la derecha para ir al servicio. Una boqueras me dijo que iba en la dirección equivocada, que me habían dejado salir para ir a hacer ejercicio, no para utilizar los servicios; pero la aparté y seguí andando. Inmediatamente los boqueras corrieron hacia mí, pero la boqueras les gritó que se detuvieran. Seguí mi camino hacia el servicio y oí que la boqueras les explicaba que no tenía órdenes de no dejarnos ir al servicio.

Los y las boqueras alineados a ambos lados del ala observaron todos mis movimientos. Una boqueras y dos boqueras hombres me siguieron durante los dos tramos de escaleras hasta la planta baja y la puerta al fondo que conducía al patio. Un boqueras la abrió y al salir me recibió una fría y húmeda tarde de febrero. Dos mujeres, Ann Marie Quinn y Éilís O'Connor, que se protegían del frío con parkas de color azul, ya daban vueltas al circuito que rodeaba el patio. Me uní a ellas y empezamos a analizar los sucesos de los últimos dos días. Al poco se abrió la puerta y Patricia Craig vino hasta donde estábamos y dijo: «Han cerrado los servicios».

Al igual que todo lo demás en las alas de la cárcel de Armagh, los servicios y los baños eran celdas reformadas. Seguían teniendo puertas y podían cerrarse desde el exterior.

George Scott tenía la última palabra. Obviamente había sido él el que había dado esa orden. La situación estaba fuera de alcance. No teníamos margen de maniobra.

Me puse debajo de la celda de Mairéad y le informé a gritos de los últimos acontecimientos. Me contestó que las dos sabíamos lo que iba a pasar.

A pesar de todo, intentamos distender una situación que ya era irreparable. Esperamos y pedimos una y otra vez que nos permitieran ir a los servicios y al cuarto del desagüe para vaciar los orinales. Todas y cada una de las veces recibimos las mismas miradas impasibles. No pudimos hacer nada más. Se dio la orden de que vaciáramos los orinales por la ventana de las celdas o, si se presentaba la oportunidad, arrojáramos el contenido en el pasillo. Estábamos decididas a hacer que la situación fuera lo más desagradable posible para las boqueras. Utilizamos revistas religiosas a modo de embudo para arrojar el contenido de los orinales por las mirillas. Al poco, cuando las boqueras se dieron cuenta de lo que estaba pasando, vinieron los boqueras con martillos y clavos, para bloquear las mirillas. Entonces dimos la orden de que se vaciaran los orinales como se pudiera.

Cuando se abrían las puertas para que fuéramos a por la comida o a hacer ejercicio, se lanzaba el contenido de los orinales, llenos hasta el borde de orina, excrementos, compresas, tampones, pañuelos, bolsas de té, sobras de comida y todo lo que se hubiera acumulado, por encima de la barandilla hacia la planta baja para que se esparciera por los dos pisos y se acumulara en la red antisuicidio. Las boqueras se pusieron furiosas.

Finalmente, Scott y su administración estaban recibiendo una cucharada de su propia medicina. Habían dado carta blanca en Armagh a los boqueras de los Bloques H y habían reproducido la situación a la que estaban acostumbrados.

Fuera de la cárcel los republicanos habían intentado desesperadamente saber qué estaba pasando en el interior de la cárcel, para apaciguar la situación, pero era demasiado tarde. El sábado 9 de febrero, cuando las presas que habían secundado la protesta recibieron las primeras visitas después de los sucesos del martes y se habían enviado y recibido unos comunicados vitales, la situación ya estaba fuera de control.

Nadie, incluidas nosotras, las presas, quería una protesta sucia en la cárcel de Armagh. Ya había demasiados problemas a los que enfrentarse debido a la protesta y las condiciones en los Bloques H, pero no podíamos ser nosotras las que cediéramos. Si hubiéramos hecho algún intento de echarnos atrás, después de todo lo que había sucedido los días anteriores, si hubiéramos intentado volver a la «normalidad» y nos hubiéramos degradado suplicando al alcaide que nos permitiera volver a la «normalidad», se habría producido un motín en nuestras filas. Y ni Mairéad ni yo habíamos siquiera contemplado esa posibilidad. No estábamos dispuestas a arrastrarnos. Hacerlo se habría considerado como una muestra de debilidad y los boqueras habrían pensado que habían ganado la partida. Los boqueras seguían al mando. Se seguía atacando, hostigando e insultando a las mujeres y no estábamos de humor para transigir.

El siguiente paso

Pasábamos veintitrés horas al día encerradas mientras hacíamos la protesta sucia, pero no habíamos llegado al punto de embadurnar las paredes con excrementos. Aquello representaba dar un paso que ninguna deseaba. En vez de ello, seguíamos vaciando los orinales por las ventanas o por encima de las barandillas del pasillo.

Mientras tanto, después del ataque no se volvió a trasladar a las presas comunes (no políticas) condenadas al ala B. Metieron sus pertenencias en bolsas y las llevaron al A2, donde también habían alojado a las preventivas durante un tiempo.

Las preventivas nos dijeron a gritos a través de los patios de ejercicio que habían llegado muchos boqueras al ala A y el sonido de martillos resonaba en nuestro patio de ejercicio, pero no conseguimos ninguna información sobre lo que estaba pasando.

Finalmente, el domingo, el padre Murray consiguió que le dejaran entrar en la cárcel para decir misa. Las boqueras nos mantuvieron encerradas tanto como pudieron, pero después empezaron a abrir puertas, una a una, y a cachearnos antes de permitirnos ir a la capilla.

Las preventivas y el padre Murray estaban tan ansiosos de vernos como nosotras a ellos.

Fui a la habitación que había en la parte de atrás de la capilla y relaté al padre Murray, tan escueta y detalladamente como me permitió el escaso tiempo del que disponía, lo que había sucedido en los últimos días, mientras Mairéad hablaba con la oficial al mando de las alas en las que estaban las preventivas y las condenadas en otro lado de la habitación.

Hubo docenas de preguntas y mucha rabia por lo que había pasado. Las presas preventivas querían organizar una protesta en solidaridad con nosotras y estaban decididas a destrozar sus celdas. Tuvimos que calmarlas y explicarles que una sublevación en el ala A no nos ayudaría y que solo distraería la atención de los que estaban fuera sobre lo que estaba sucediendo en el ala B.

El padre Murray nos aseguró que haría todo lo posible para poner de manifiesto las condiciones en las que se nos obligaba a vivir.

El martes 12 de febrero, mientras servían el desayuno, las boqueras informaron celda tras celda que debíamos recoger nuestras pertenencias y estar listas para un traslado.

A las diez y media empezaron a abrir una puerta detrás de otra, nos sacaron, nos cachearon, registraron a fondo nuestras pertenencias y nos condujeron una a una, acompañadas de boqueras hombres y mujeres, por la B2 y la B3, y a través del círculo hasta la A1.

En el ala A reinaba un ambiente sobrecogedor. Habían cubierto la red antisuicidios con láminas de madera contrachapada, con lo que habían creado un techo y bloqueado el piso superior y, por lo tanto, toda la claridad que provenía del tragaluz que iba de una punta a la otra del ala. Las dos escaleras estaban cerradas desde el principio de la protesta y siguieron así después de llevarnos allí, con lo que habían privado de toda luz natural a la plata baja.

Y lo peor estaba por llegar. Entré en mi celda y miré la ventana. No había luz. Habían tapiado con tablas las ventanas en arco.

Entonces supe por qué habíamos oído ruido de martillos.

Después de que la puerta se cerrara a mi espalda, me envolvió la oscuridad. Cuando llegó Patricia Craig le grité que encendiera la luz antes de entrar. Ni siquiera podíamos controlar esa parte de nuestras vidas. Una boqueras podía sumirnos en tinieblas por puro capricho. Tardaron casi todo el día en trasladarnos, una a una, desde el ala B al ala A. Fue otro día que no pudimos hacer ejercicio. Otro día de confusión. Pero todas estábamos animadas y reinaba el buen humor. Se bromeó más de una vez con que «un cambio de aires da fuerzas para seguir».

Aquella noche, cuando las boqueras se tranquilizaron, evaluamos la situación. Las ventanas no estaban bloqueadas en los extremos, por lo que podríamos pasar cosas de una celda a otra, pero no podíamos vaciar los orinales por ellas, porque la parte de abajo sí estaba cerrada. El contenido no se escurriría y solo se acumularía en la ventana, con lo que todo debía arrojarse al pasillo y hacia la puerta del patio de ejercicio, lo más lejos posible del hornillo. Los excrementos se extenderían en las paredes, algo que habíamos evitado hasta entonces, y decidimos empaquetar toda la ropa que no necesitábamos y sacarla de la cárcel a través de las visitas. Si esa situación se prolongaba, queríamos evitar a nuestras familias la visión repugnante de recibir ropa sucia cubierta con todo tipo de mugre en cada visita.

Acordamos cambiarnos de ropa cada tres meses.

Y nos acomodamos para pasar nuestra primera noche de protesta sucia a gran escala. Y así estuvimos, en penumbra y rodeadas por nuestras heces, durante un año.

¡Un poco locas!

No sé quién se rindió la primera ante sus doloridos intestinos, pero sí que todas sentimos lo mismo. Todas vomitamos las primeras veces que tuvimos que extender los excrementos en las paredes y quizá fue una suerte que el olor agrio del vómito encubriera el hedor de las deposiciones y nos permitiera acostumbrarnos a él o, al menos, familiarizarnos tanto como puede hacerlo un ser humano.

Extender excrementos en las paredes de la celda es una de las cosas más repugnantes que he hecho en mi vida, pero, finalmente, como en toda situación forzosa, la voluntad elabora sus mecanismos de superación. Ahora, cuando lo recuerdo, lo encuentro asqueroso, pero entonces bromeábamos. Era «decoración de interiores» y las mentes creativas incluso diseñaron distintos dibujos para cada pared.

Evidentemente, estábamos un poco locas.

La mezquindad de las boqueras era ridícula. Nos sacaban una a una al patio, al mismo tiempo que llevaban la comida al ala. La servían increíblemente pronto y la cantidad y calidad se había reducido considerablemente. La dejaban allí mientras hacíamos ejercicio y cuando la servían estaba helada. A partir del 8 de febrero las boqueras nos servían la comida en platos, boles y cubiertos de plástico. Pero nos daban cucharas metálicas para la cena y tenedores para las gachas porque, según ellas, no había suficiente cubertería. Nos quedábamos con todo lo que podíamos, pero, durante los registros que efectuaban mientras estábamos en el patio, las boqueras se llevaban los cubiertos y teníamos que empezar de nuevo. Una o dos veces el cocinero se equivocó y nos envió una lata de mermelada y tostadas para cenar. Guardamos la mermelada en un bol de plástico y la extendimos con moderación en las tostadas. Al día siguiente, mientras estábamos en el patio, las boqueras confiscaron el resto de la mermelada.

Cuando nos trasladaron al ala A volvieron a tapar con clavos las mirillas, pero nosotras, con perseverancia, de forma lenta pero segura y utilizando todo lo que pudimos, conseguimos sacarlos.

La administración de la cárcel nos daba compresas y tampones solo cuando los necesitábamos y dos cada vez, sin ningún envoltorio protector.

A los pocos días las boqueras recibieron uniformes nuevos, acordes con la situación. Monos azules impermeables con cremallera y puños elásticos en las muñecas y los tobillos, unas botas de agua bonitas, mascarillas blancas –de las que utilizan los pintores cuando trabajan con aerosoles tóxicos– y guantes de látex para proteger sus delicadas manos.

Ese atractivo conjunto nos proporcionó un placer ilimitado. ¡Las cabronas se asaban con tanto plástico!

Los boqueras permanecieron en la A2 durante toda la protesta sucia. Los oíamos moverse, susurrar y silbar. A veces, cuando venían al cuarto de guardia para pasar un tiempo con las boqueras, los entreveíamos a través de las mirillas. También había una alarma en el ala que las boqueras utilizaban para llamar a sus compañeros en cualquier ocasión que consideraran peligrosa o «de emergencia». En otras palabras, cada vez que una presa se defendía cuando la atacaban.

Impacto en la salud

Cuando comenzó la protesta sucia, Deirdre participó plenamente, pero enseguida quedó claro que no podría continuar durante mucho tiempo. Al principio se la veía demacrada y muy delgada, pero conforme pasaron las semanas, empeoró. Estaba escuálida, los ojos se le habían hundido en las cuencas, las mejillas y los huesos de la mandíbula se le marcaron más y mostraba una palidez amarillenta en la piel. Era evidente que la escalada de la protesta y las asquerosas e inhumanas condiciones en las que vivíamos estaban haciendo mella en su salud.

En marzo de 1980, un mes después de que empezara la protesta sucia, llevaron a Deirdre a que viera al doctor Cole en el ala hospitalaria. Este le dijo que, en su opinión, en esas condiciones moriría y que tenía que tomar una decisión. Se estaba cubriendo las espaldas y lavándose las manos respecto a su estado de salud.

Mairéad y yo habíamos discutido varias veces la situación de Deirdre, porque nos había preocupado desde el principio. En ese momento estábamos asustadas. No solo tenía que lidiar con el resto de trastornos de la protesta sucia, sino que convivía con el problema añadido de estar rodeada de su vómito. Estaba sumamente debilitada y la atención médica era mínima. Sintiéndolo mucho, tuvimos que ordenarle que abandonara la protesta. Se quedó desolada; nos suplicó que la dejáramos continuar, pero al final, muy apenada, aceptó nuestros razonamientos y argumentos, y cumplió la orden.

Permaneció encerrada en el ala B durante las horas de trabajo. Se negó a relacionarse con las delincuentes comunes decentes y siguió solicitando que la trasladaran al ala hospitalaria. Nunca se lo concedieron y pasaba el tiempo esperando el domingo para vernos en misa. Nos pidió repetidas veces que la dejáramos volver a nuestra ala, una petición que tuvimos que rechazar. Sinceramente, si le hubiera ocurrido algo, ni Mairéad ni yo podríamos haber afrontado esa responsabilidad.

Finalmente la excarcelaron en diciembre de 1980 debido a su delicada salud, pero si el Gobierno británico así lo hubiera decidido, habría vuelto a la cárcel en cualquier momento. Por suerte, nunca lo hizo.

Alteración de la vida en la cárcel

La vida en la cárcel es rutinaria. Las boqueras y las presas se acostumbran a un ritmo y el tiempo pasa. Pero siempre hay sucesos que pueden desequilibrarlo todo.

En un principio las boqueras solo nos permitían salir a ocho cada vez para hacer ejercicio. Éramos treinta y dos mujeres, incluidas Mairéad y yo. Nos dimos cuenta de que no nos convenía tener cuatro grupos de ocho presas, porque de esa forma ni Mairéad ni yo podíamos organizar reuniones con dieciséis mujeres. Las reuniones eran muy importantes. Nos daban la oportunidad de discutir todos los aspectos de nuestra situación. Por ejemplo, si la administración cambiaba el régimen para hacer ejercicio, las visitas o cualquier otra faceta de nuestra vida, teníamos que discutir cómo íbamos a tratarlo como colectivo. Mairéad y yo también manteníamos contacto con el Movimiento Republicano en el exterior y, si realizaba alguna diligencia para intentar resolver las protestas en las prisiones, nos informaba a través de comunicados introducidos de contrabando. A su vez, informábamos a las compañeras, lo consultábamos todo y nos daban su opinión.

No se hacía nada aisladamente: no se tomaba ninguna decisión sin antes realizar una consulta. Todas teníamos la misma información y estábamos al corriente de las razones por las que se tomaban las decisiones y de todas las diligencias.

Era imperativo que nos reuniéramos regularmente con todas las mujeres y que ninguna recibiera noticias de segunda mano.

Así que, siguiendo la tradición de los buenos republicanos, les hicimos la vida imposible a las boqueras. Nos sacaban una a una para hacer ejercicio. O les dábamos mucho miedo o les pagaban una comisión por cada presa que llevaban de un sitio a otro. A nosotras nos gustaba pensar que nos tenían miedo. Cuando sacaban a una presa, esta vaciaba el orinal en el pasillo, iba tranquilamente al otro lado, abría una mirilla y mantenía una conversación, cruzaba el pasillo y nos daba un mensaje a alguna de nosotras, volvía a cruzarlo para comunicar la respuesta y, quizá, iba despreocupadamente en dirección a la puerta, chapoteando en la orina, abriendo mirillas de camino y parándose una o dos veces hasta que finalmente entraba en el patio. Durante todo ese tiempo, las boqueras nos gritaban, proferían amenazas y provocaban, pero no les hacíamos caso.

Sacaban a la siguiente mujer. Iba al cuarto del desagüe, llenaba una botella de un litro de agua, lentamente, se paraba para conversar a través de una mirilla, recibía un mensaje, devolvía la respuesta y repetía el mismo proceso una y otra vez. Hasta que, cuando las ocho estaban en el patio, la hora se había acabado. Habíamos disfrutado de nuestra hora de ejercicio, las boqueras tenían que meternos, una a una, y comenzaba de nuevo ese larguísimo proceso.

Al cabo de un par de semanas, Scott cedió y empezaron a salir dieciséis mujeres a hacer ejercicio. Nos aseguramos de que Mairéad siempre saliera con un grupo y yo con el otro, y nunca las dos a la vez. De esa forma podíamos mantener informadas a todas de la situación en el exterior, de lo que sucedía en los Bloques H y de todo lo que se hacía en el exterior respecto a la cuestión de las prisiones, y tratar los problemas, políticos o personales, que nos afectaran a cualquiera de nosotras.

Esos problemas se discutían, se transmitían preocupaciones y se deliberaba sobre todo lo que hubiera que tratar, sin que nos oyeran las boqueras. Cuando hacíamos ejercicio llevábamos encima todo lo que era importante.

La radio

A las pocas semanas del ataque de febrero conseguimos que se pasara de contrabando una radio pequeña. Era sumamente importante, una fuente de noticias de lo que sucedía fuera de la cárcel. No podía dejarse donde pudieran encontrarla las boqueras, siempre corríamos el peligro de que la confiscaran o la rompieran. Durante los registros de las celdas solía dejarse en el borde del alféizar exterior de la ventana, un sitio en el que las boqueras nunca miraban, porque tenían miedo de que hubiéramos vaciado orinales por allí.

Mairéad y yo nos alternábamos para custodiarla y la sacábamos siempre que hacíamos ejercicio, junto con los comunicados, el tabaco y el papel de liar. Las boqueras realizaban los registros cuando estábamos fuera y cada dos semanas nos llevaban a una celda «limpia».

Al principio, cuando se nos trasladó al ala A, las habitaciones estaban provistas del mobiliario habitual: camas, taquillas, mesas y sillas. Pero utilizábamos las mesas y las taquillas para llegar a las ventanas, y las boqueras las retiraron mientras hacíamos ejercicio. Rompimos las sillas y utilizamos las patas metálicas para hacer agujeros en las paredes entre las celdas, por lo que también las confiscaron. Finalmente también se llevaron las sábanas y las fundas de las almohadas y solo dejaron las camas metálicas, que estaban soldadas y no podían romperse, los colchones, una almohada y dos mantas por persona, dos orinales y una botella de agua.

Antes de ir a hacer ejercicio teníamos que asegurarnos de vaciar los orinales, porque esperar a hacerlo después significaba buscarse problemas. A la vuelta descubríamos que los habían derramado en las celdas y había orina en el suelo o, lo que era peor, habían arrojado el contenido en las camas.

El hedor de las celdas limpias

Al comienzo de la protesta sucia descubrimos que el olor de los excrementos se disipaba después de extenderlos en las paredes, por lo que era soportable permanecer en las celdas y nos acostumbramos a nuestro olor corporal. Una vez fuera, al aire libre y con la lluvia siempre bien recibida, disfrutábamos de la frescura, de escapar de la mazmorra. Y al volver, el hedor de tantos cuerpos y tantas celdas hediondas era muy desagradable, pero inevitable, hasta que llegábamos al entorno familiar de nuestra celda.

Pero, de vez en cuando, cuando volvíamos teníamos que soportar que todas nuestras pertenencias se hubieran puesto en una manta y se hubieran llevado a una celda «limpia». Siempre temíamos que sucediera eso.

Una celda «limpia» era una en la que los boqueras habían limpiado la mayor parte de los excrementos de las paredes y el techo con mangueras a presión y el agua resultante había caído al suelo –en muchas de las celdas era de madera–, donde ese líquido fétido y viscoso se había filtrado entre los tablones y despedía una pestilencia mucho peor que la que podrían haber producido meses de excrementos extendidos.

Lo odiábamos. Y esperábamos días enteros a que desapareciera esa peste asfixiante. En una semana dejábamos de notarla y volvíamos a nuestra existencia «normal» y llevadera, hasta que volvían a trasladarnos.

Hacíamos ejercicio a pesar del tiempo que hiciera y siempre era mejor si llovía y el agua se llevaba parte de la mugre. En el patio nos enterábamos de qué tal estábamos todas y discutíamos cualquier problema. La única excusa aceptable para no hacer ejercicio era estar enferma.

Aceptación

Una vez a la semana las boqueras se llevaban a mi compañera de celda Eileen Morgan a la de enfrente, con Sinéad Moore, compañera de Mairéad, y traían a esta a la mía. No recuerdo cómo conseguimos que Scott aceptara, pero aquello puso fin a que no admitiera nuestras estructuras de mando y reconociera que Mairéad y yo éramos las dirigentes de las presas.

Pasábamos una hora juntas y leíamos y discutíamos todos los comunicados del exterior, antes de formular la respuesta. También intentábamos solucionar cualquier problema que se hubiera producido en el ala.

En una situación tan tensa, los detalles más triviales podían provocar un caos. Algunas compañeras de celda podían haberse tirado los trastos a la cabeza y no hablarse. Las situaciones a las que en el exterior no se les daba importancia y se trataban fácilmente podían desorbitarse en el ambiente confinado de una celda de dos metros y medio por tres. Estar encerrada con alguien veintitrés horas diarias en esa situación podía ser insoportable. Resolvíamos esos problemas hablando con cada una de ellas para ver si era posible llegar a un compromiso entre ellas y, si no, intentar conseguir un cambio de celda. En otras circunstancias podríamos haber sido consejeras matrimoniales.

También teníamos que estar pendientes de lo que sucedía en las otras alas, con las preventivas y las que tenían estatus de presas políticas.

Conforme iban cumpliendo sus condenas, el número de presas políticas disminuía y las mujeres con sentencias largas se enfrentaban a la perspectiva de quedarse solo una o dos en toda el ala. Con el tiempo, Pauline Deery fue la única mujer en toda la cárcel de Armagh con estatus de presa política y su confinamiento fue muy solitario. Debíamos estar atentas a la presión que ejercía el aislamiento en las mujeres con estatuto de presas políticas.

Después estaban las preventivas. Esas mujeres vivían en un limbo, no sabían si las condenarían o las excarcelarían, y sopesaban la decisión de si secundar la protesta después de vernos en misa, pálidas, demacradas y sucias.

Todos los domingos nos reuníamos por separado con las oficiales al mando del ala en la parte de atrás de la capilla, nos informaban sobre la situación en sus alas y les aconsejábamos cómo tratar los problemas que tuvieran.

El ala de las preventivas era muy inestable. Las boqueras se divertían tomándoles el pelo y las preventivas no tardaban en reaccionar. A veces, después de algún incidente con las boqueras, las presas preventivas republicanas querían vengarse, protestar y destrozar el ala. Teníamos que intentar mantener la calma, el Movimiento Republicano ya tenía demasiado de lo que ocuparse, con las protestas en el ala A y los Bloques H, sin necesidad de más disturbios en el ala B. Sin duda, las preventivas seguramente pensaron en ocasiones que Mairéad y yo éramos poco razonables, pero nuestra postura tenía su lógica, aunque las preventivas no siempre la entendieran.

Entretenimiento

En el ala A caímos pronto en la rutina e intentamos sacar el mayor partido a nuestra situación. Durante el día había pocas oportunidades para hacer algo, aparte de hablar con la compañera de celda o por la ventana con otras celdas, pero cuando se cerraba la cárcel por la noche, empezaba el esparcimiento. Manteníamos debates sobre temas que iban desde la eutanasia hasta que el lugar de la mujer es el hogar. Por alguna razón, ninguna quería estar en el lado que argumentaba ese asunto. Hablábamos sobre el impacto de las protestas carcelarias en la situación política del momento, sobre el idioma irlandés y la política mundial, y cualquier otro tema que se nos ocurriera. Teníamos clases de irlandés, que se gritaban a través de la puerta por toda el ala. Mairéad era la profesora. Era la que más sabía de todas.

También nos divertíamos.

Rose McAllister saludaba el nuevo día cantando la canción de los cereales Kellogg's por la ventana:

«¡Kellogg's despierta mucho más! ¡Un gran día comienza en el desayuno!».

Y todas las mañanas recibía los mismos gruñidos de respuesta. Rose también solía hablar con su taza azul de plástico. En el fondo tenía estampado el nombre de la marca, «Table Talk» (conversación de sobremesa), y casi todos los días se oía rebotar la taza en las paredes y a Rose gritar: «¡Hablarás conmigo antes de que salga!».

Las canciones podían ser horribles. Había quienes, a las que no voy a nombrar, no tenían ni idea, pero creían que sabían cantar, seguramente porque carecían de oído musical y no se enteraban del castigo que nos infligían. Aprovechaban cualquier oportunidad para cantar y el resto hacíamos todo lo posible para impedírselo.

Yo sabía que no podía cantar, así que cuando me llegaba el turno aburría hasta la saciedad a todas con la misma historia sin sentido hasta que me suplicaban que me callara. Con el tiempo no volvieron a pedírmelo. Y eso me dolió.

Los concursos eran uno de los pasatiempos favoritos. Christine «Bap» Beattie era la presentadora y las presas que contribuían con preguntas no podían participar la noche en que se utilizaban sus preguntas. Pero a veces Christine tenía problemas para leer la caligrafía y las preguntas se volvían divertidísimas.

La pregunta sobre la obra de teatro *La sombra de un pistolero*, de Séan O'Casey, se convertía en: «¿Quién escribió *La sombra de un basurero*?».

Dios la bendiga, al menos lo intentaba.

El bingo siempre ofrecía la posibilidad de hacer trampas, pero normalmente concedíamos el beneficio de la duda, hasta que una celda empezaba a ganar demasiado a menudo. Los premios eran cigarrillos liados, donados por Sadie McGilloway, nuestra intendente, y todas querían ganar.

La cárcel de Armagh no era un sitio en el que mostrarse excesivamente sensible, porque las bromas y el escarnio amistoso eran moneda habitual. También teníamos contacto con amigos en los Bloques H, a través de cartas pasadas de contrabando, y las burlas iban y venían de una cárcel a la otra.

Y, si alguna vez ha habido una situación en la que se pueda sentir la empatía colectiva, el ala A era uno de ellos. Si alguien recibía malas noticias o simplemente se sentía triste, toda el ala experimentaba su pena.

Llegamos a conocer a las familias de las demás tanto como a la nuestra. Nos enteramos de compromisos, bodas, bautizos, rupturas, enfermedades y muertes.

Formaba parte de nuestra cohesión, nuestra solidaridad y nuestra camaradería. Nos ayudó a seguir siendo humanas y a mantener la cordura.

El día a día

Durante el día estábamos a merced de las boqueras. Nuestra existencia giraba en torno a sus caprichos. Podían abrir las puertas tarde para que la comida estuviera fría. Podían negarnos salir a hacer ejercicio con cualquier pretexto. Podían hacer registros en las celdas o mantenernos encerradas durante tres días, como pasaba cuando se asesinaba a algún funcionario de prisiones. Pero, hicieran lo que hiciesen, no les hacíamos caso. Su trabajo consistía en someternos. Y el nuestro era no dejar que lo consiguieran, sino mantener la moral alta, permanecer unidas y fuertes, y cuidarnos las unas a las otras.

Un día normal en Armagh trascurría así:

7:30 – Las boqueras entraban en el ala y hacían el recuento. Se abrían las cerraduras. Desayuno, una celda después de otra. Vaciado de orinales en el pasillo mientras la compañera iba al hornillo con un termo y una taza de plástico, donde llenaban el termo con té y servían un cazo de leche en la taza para cada una. También servían un tazón de cereales o gachas y una tostada con margarina a cada una. Mientras tanto, la compañera iba a recoger y llenar una botella de litro con agua fresca.

9:30 – Las boqueras recogían los boles en las celdas.

10:15-11:15 – Segundo recuento, después permitían salir a dieciséis presas –una por una– al patio de ejercicio. Traían al ala a los presos para que limpiaran la orina del pasillo.

12:00 – Almuerzo. Se repetía el mismo proceso que en el desayuno, pero corriendo, como muestra de deferencia hacia las que eran las últimas en salir, para que su comida todavía estuviera caliente.

13:30 – Las boqueras recogían los platos en las celdas.

14:15-15:15 – Las otras dieciséis mujeres salían para hacer ejercicio. Los presos volvían al ala para limpiar los orines.

16:00 – Comida principal de la tarde. Mismo proceso que en el almuerzo.

17:30 – Las boqueras recogían los platos.
19:30 – Cena ligera.
20:30 – Recuento y cierre de cerraduras.
21:00 – Los presos venían al ala para limpiar la basura del día. Eran presos de los Bloques H a los que concedían privilegios especiales en Armagh por el trabajo que realizaban. Principalmente eran unionistas y silbaban canciones lealistas y hacían comentarios sectarios mientras trabajaban. Por la noche les encantaba barrer por debajo de nuestras puertas los orines que había en el pasillo. Utilizaban litros de un desinfectante muy potente y también lo metían por debajo de las puertas. El olor era infecto y enmascaraba el resto de olores. Era tan espeso que parecía gaseoso y tan maloliente que muchas mujeres vomitaban.

Cigarrillos liados

El encierro por la noche era el momento que aprovechábamos para escribir cartas, manifiestos y, si alguna se sentía lo suficientemente artista, poemas.

Había una red de organizaciones y comités de solidaridad que nos apoyaban en todo el mundo y teníamos que mantenerlos informados de lo que estaba sucediendo en las cárceles.

Escribíamos a sindicatos, clubes de la Asociación Atlética Gaélica, grupos juveniles, grupos religiosos y cualquier otra organización que se nos ocurriera.

Las cartas y manifiestos se escribían en la letra más pequeña posible en el papel higiénico de la cárcel y en papelillos de liar. No sabíamos lo que era fumar un cigarrillo liado con ese papel; eran demasiado valiosos; en vez de ello utilizábamos las páginas de la Biblia. El papel era mucho más grueso que el de liar, pero conseguía que los cigarrillos fueran más resistentes. Si se pregunta a cualquier expreso de los Bloques H o Armagh que secundara la protesta si leyó la Biblia, seguramente contestará: «No, pero me la fumé».

El padre Murray venía a visitarnos tanto como podía, al menos una vez al día y, de ser posible, dos veces. Para él debió de ser una experiencia terrible entrar cada día en el ala en esas condiciones, pero jamás hizo ningún comentario sobre el hedor, la suciedad o el estado en el que nos encontrábamos, ni nunca nos presionó en forma alguna para que pusiéramos fin a la protesta.

El padre Murray no fumaba, pero siempre que venía a la cárcel traía dos o tres paquetes de tabaco, todos abiertos y a los que había sacado uno o dos cigarrillos. Cuando lo cacheaban y los encontraban, decía a los boqueras que era un fumador compulsivo. ¡No había fumado en toda su vida! También se llenaba los bolsillos de caramelos para las no fumadoras del ala. Debía de gastarse una fortuna en tabaco y golosinas todas las semanas.

Entraba en algunas celdas cada vez que venía y dejaba un paquete de cigarrillos en cada una. Se sentaba y mientras jugueteábamos con el paquete, preguntaba con mirada expectante: «¿No vais a fumar?». Así que, para no ofenderlo, encendíamos uno pensando que la intendente, Sadie McGilloway, nos iba a matar.

A menudo me he preguntado si sabía que Sadie recibía todos esos cigarrillos, los partía, volvía a liarlos muy finos y los repartía, racionados a tres diarios. Sadie conseguía liar dieciséis cigarrillos con una sola página de la Biblia.

En una ocasión el padre Murray se fijó en que nuestras Biblias se estaban quedando muy finas, se quejó a la administración de la cárcel y pidió que nos entregaran otras nuevas, aunque sabía, y la administración también, que las utilizaríamos para liar cigarrillos.

Encenderlos era todo un arte. Algunas aprendían rápidamente y otras nunca le cogieron el truco y gastaban las piedras de los mecheros sin parar o se quemaban los dedos continuamente y, frustradas, lanzaban los mecheros contra las paredes.

En todas las celdas había uno de esos mecheros antiguos de gasolina, de los que solían comprarse en Omeath o Dundalk para regalar. La carcasa en la que estaba la mecha, el algodón y la gasolina no nos servía para nada y entrar botes de gasolina era muy complicado, pero utilizábamos el algodón como yesca y, cuando se acababa, sacábamos hebras de los tampones.

Se abría la parte de arriba de los mecheros y se metía el algodón, con un trozo por fuera para sujetarlo. Entonces se cerraba, con el algodón dentro, y se hacía girar la rueda para que la chispa lo prendiera. Después encendíamos los cigarrillos con el algodón que estaba ardiendo. Esto último había que hacerlo rápidamente, porque el algodón prendía y se quemaba en cuestión de segundos.

En la visita mensual se pasaba de contrabando tabaco, piedras de mechero, papel de liar, comunicados y cartas. Nos quedábamos una parte mínima del tabaco y el resto se lo entregábamos a Sadie para que lo liara y lo distribuyera entre el resto de las fumadoras.

Pasar cigarrillos liados y comunicados no era muy difícil si eran para el mismo lado del ala. Atábamos los cordones de los zapatos y poníamos mecheros para lastrarlos. Después sujetábamos lo que queríamos pasar en el otro extremo de los cordones. Nos subíamos en un extremo de la cama metálica, sacábamos el brazo por la ventana tanto como nos permitían los tablones clavados por fuera y los lanzábamos hacia la celda de al lado. Una mano extendida atrapaba el mechero y el proceso se repetía hasta llegar al final del ala. A veces teníamos que intentarlo varias veces porque los cordones se enganchaban en los marcos de metal en los que estaban metidos los tablones.

Conseguir cosas del otro lado del ala era mucho más complicado. Si alguna boqueras te seguía, a veces no había tiempo para meter por una mirilla algo que fuera importante.

Comunicados

Nuestra mayor preocupación eran los comunicados, sobre todo si corría prisa entregarlos y la persona que había recibido una visita estaba en el otro lado del ala.

Al principio, si Mairéad había escrito un comunicado y yo necesitaba conseguirlo, tenía que esperar a salir a hacer ejercicio y que alguien me ayudara a subir hasta su ventana, para meter la mano por debajo de los tablones. En cuanto tenía el comunicado metido en la boca, poco podían hacer las boqueras. Entonces decidieron poner alambre de espino debajo de las ventanas, pero no supuso un gran problema. Ponía un par de parkas en el alambre y trepaba por encima. Las parkas se desgarraban, y yo, pero qué más daba. Pusieron más alambre. Rasgamos más abrigos. Finalmente levantaron una valla con chapas onduladas de dos metros y medio de altas entre el patio de ejercicio y las ventanas.

Mairéad me contó que mientras las colocaban, un boqueras le dijo a otro: «¿Puedes creer que haya mujeres que hagan cosas así?». Y la respuesta tajante: «Son peores que los putos hombres».

Visitante

A principios de abril de 1980, mientras algunas paseábamos por el patio de ejercicio, Mairéad me llamó desde la ventana de su celda para decirme que Habían visto a Scott en el ala con una mujer. Le había enseñado alguna celda vacía, pero se había negado a que hablara con Mairéad. Me pidió que estuviera atenta por si la llevaban al patio.

Y, en efecto, justo en ese momento, apareció Scott con una cuadrilla de boqueras y una mujer joven bien vestida en el patio en el que estábamos. Los dos grupos nos evaluamos, las relucientes y felices boqueras con su invitada especial y las mugrientas y beligerantes provos duras de pelar con su recelo permanente. Después, la reina del baile se presentó: Sandra Chapman, del periódico unionista *Belfast Telegraph*, la primera periodista que conseguía una primicia sobre las despreciables y sucias rebeldes de la cárcel de Armagh.

Dejó caer algún comentario desdeñoso sobre nuestra ropa y aspecto y alguien, Éilís o Bap, hizo lo propio sobre su apariencia, con el mismo nivel de desdén. Se habían trazado las líneas. Cuando supuso con sarcasmo que nuestra «portavoz» –probablemente yo– era la única que estaba «autorizada» a hablar, todas empezaron a hacerlo a la vez. Aquello pareció dejarla atónita momentáneamente, pero se trataba de la poderosa periodista Chapman y se recuperó con notable rapidez.

Después empezó a preguntar a las mujeres por qué las habían encarcelado y por cuánto tiempo.

—Marie Doherty, de Derry; soy inocente.

—Shirley Devlin, cumplo tres años por algo que no hice.

Chapman la interrumpió con un sarcástico:

—Imagino que todas sois inocentes.

A lo que contesté desde detrás del resto de mujeres:

—No, yo no.

Aquello sí que la dejó pasmada.

Tanto ella como su proceder, condescendiente y sarcástico, nos aburrían. La «entrevista» había acabado y nos fuimos.

El padre Murray nos trajo el artículo que había escrito. Tal como habíamos supuesto, era un feroz ataque contra nosotras y contra todo lo republicano.

Los derechos de las mujeres

Hacía dos años que se había puesto en marcha la protesta sucia en los Bloques H y daba la impresión de que todo el mundo se había vuelto inmune al horror que implicaba. Pero cuando nos vimos obligadas a secundarla nosotras, se inició un debate en varios grupos de mujeres que parecían haberse contentado con no prestar atención a la cuestión de las mujeres republicanas irlandesas.

La mayoría de miembros de esas asociaciones argumentaban que el problema de la cárcel de Armagh no les incumbía, que formábamos parte de una organización dominada por hombres y, por lo tanto, aceptábamos que la mujer ocupaba una posición secundaria en la sociedad.

Nosotras discrepábamos diciendo que en ningún otro sitio se luchaba con más ahínco por los derechos de las mujeres que en la cárcel de Armagh y que cómo íbamos a conseguir que se reconocieran los derechos de la mujer si no había derechos humanos y nacionales. Muchas de las mujeres involucradas en esos grupos parecían ser auténticas autoridades en la cuestión de las republicanas, pero, en realidad, se oponían radicalmente a todo lo que defendíamos. Ser una mujer «liberada» era muy moderno, pero no ser una mujer que participaba en una lucha por la liberación. Al menos, nuestra situación suscitaba el debate.

En marzo, con ocasión de la protesta del Día Internacional de la Mujer, venían simpatizantes para manifestarse fuera de la cárcel de Armagh y mostrar su solidaridad.

Familiares y amigos nos contaban los viajes a la cárcel en microbuses desde la sede del Sinn Féin, en Falls Road, y de las mujeres que iban desde Gran Bretaña, de toda Irlanda e incluso de Europa y Estados Unidos, para unirse a la concentración en apoyo a las mujeres de Armagh. También traían sus consignas y sus canciones, que las mujeres de Belfast aprendían y coreaban con entusiasmo.

La manifestación se realizaba todos los años en lo alto de una calle de la ciudad de Armagh, porque los miembros de la RUC les impedían hacerla frente a la cárcel. Sin embargo, esa calle permitía una vista panorámica a las activistas y era el mejor lugar para que el viento transportara sus consignas. Las oíamos pronunciar nuestros nombres en megáfonos: «Eileen McConville». Y la multitud gritaba: «¡Te apoyamos!»; «Róisín Rouse», «¡Te apoyamos!»; «Briege Brownlee», «¡Te apoyamos!». Después leían la lista con todos los nombres de las presas que secundaban la protesta y esperábamos a que pronunciaran el nuestro. Esa concentración se repitió mientras duró la protesta.

El año que nos trasladaron al ala B descubrimos que si nos poníamos de pie en el extremo de la cama, en las celdas más cercanas al extremo del ala, alcanzábamos a ver parte de la manifestación en lo alto de la colina que había al otro lado del muro de la cárcel. Estábamos seguras de que veían las ventanas de las celdas desde su posición privilegiada y que si agitábamos las manos sabrían que las estábamos oyendo.

Entonces se nos ocurrió una idea mejor. Teníamos pintura que nos habían pasado de contrabando las preventivas del ala A e hicimos una pancarta muy básica, pero visible, con una sábana en la que podía leerse: «EXIGIMOS

ESTATUS DE PRESAS DE GUERRA». Atamos dos cepillos para el suelo en dos puntas de la sábana, pasamos uno por la ventana, lo lanzamos hacia la siguiente ventana y cuando lo recogieron tuvimos una pancarta que era visible desde la calle. La aclamación que recibimos de las mujeres que se habían concentrado fuera fue tremenda. Y nos alegró saber que les habíamos enviado una señal evidente de que agradecíamos su esfuerzo.

Un grupo de mujeres llamado Mujeres Contra el Imperialismo se implicó en las protestas contra las condiciones de vida en la cárcel de Armagh hasta el punto de que en una protesta en 1979 detuvieron a once de ellas y las acusaron de alteración del orden público y obstrucción. El grupo se había formado con mujeres que no estaban alineadas con ningún partido político ni ninguno de los grupos de mujeres existentes. Se creó como respuesta a las protestas en la cárcel de Armagh, en un intento de que otros grupos de mujeres prestaran atención a lo que estaba sucediendo.

Al parecer, las once mujeres detenidas se pusieron de acuerdo en que, si las multaban, todas se negarían a pagar y se unirían a nuestra protesta. Pero su plan no funcionó. Diferentes circunstancias personales obligaron a ocho miembros de ese grupo a no poder secundar el plan original. Pero tres de ellas siguieron adelante y, en diferentes momentos, se unieron a nosotras en la cárcel. La primera multa de una de esas mujeres la pagó un familiar sin que ella se enterara y solo pasó una noche en Armagh; las otras dos fueron Liz Lagrua y Margaretta D'Arcy. Liz pasó un corto tiempo entre nosotras, porque la condenaron a unas pocas semanas, y Margaretta se unió a la protesta durante ocho semanas en abril de 1980.

Al menos, Margaretta aportó, literalmente, un poco de condimento a nuestras vidas. Nada más llegar, durante el cacheo, se esparcieron en la zona de recepción cientos de semillas que había ocultado en la ropa. Había pensado plantar mostaza en las heces de la pared para pasar el tiempo. Las boqueras y algunas de nosotras pensamos que estaba chiflada.

Generó polémica desde el principio y continuó en la misma línea durante todo el tiempo que estuvo con nosotras.

Era una dramaturga de Galway de mediana edad y clase media, casada y con tres hijos mayores. Había viajado por todo el mundo, era muy culta y totalmente excéntrica. No sabíamos qué pensar de ella. Y, a su vez, no creo que Margaretta supiera qué pensar de nosotras.

Las presas republicanas no parecíamos ser lo que esperaba de nosotras. Quizá pensó que estaríamos las veinticuatro horas del día discutiendo estrategias, tácticas y cómo continuar la guerra; que nos dedicaríamos a planear fugas continuamente y a analizar los pros y los contras de los distintos medios de resistencia y estrategias de otros movimientos de liberación. Pareció sorprendida de que muchas de las conversaciones en el patio de ejercicio, entre mujeres jóvenes, de diecinueve a veintidós años, giraran en torno a sus familias, sus novios, la música y las modas cambiantes en el exterior.

El intento de explicar a Margaretta que muchas de esas mujeres eran víctimas del abuso de poder británico y de cargos falsos no consiguió hacerla cambiar de idea. Me dijo que había estado en Centroamérica y que las mujeres detenidas en conflictos en esos países no perdían el tiempo hablando de trivialidades.

También se produjo una acalorada discusión sobre las reuniones en el patio de ejercicio. Mairéad y yo habíamos decidido excluir a Margaretta porque estaba cumpliendo una sentencia muy corta, no era republicana y no tenía derecho ni motivo para estar presente en nuestros debates ni en nuestras tomas de decisiones. Era miembro de una organización de la que sabíamos muy poco y debíamos de tener cuidado de no proporcionar información confidencial a ella o ellas.

Margaretta y yo mantuvimos un agrio desacuerdo al respecto en el patio. Se negó a aceptar los argumentos que le expusimos Mairéad y yo, y nos negamos rotundamente a permitir que estuviera presente en las reuniones.

Al cabo de unos meses de su excarcelación Margaretta escribió un libro sobre su experiencia en la cárcel de Armagh. Solo puedo imaginar que, si hubiese estado presente en las reuniones, no habría escrito sobre ellas.

Tim Pat Coogan

En abril de 1980 tuvimos otra visita de un periodista. Se permitió que Tim Pat Coogan, entonces director del *Irish Press*, visitara los Bloques H y la cárcel de Armagh. Tuvo acceso a todas las zonas y alas de Armagh, acompañado por Scott y su séquito de boqueras.

Las mujeres de mi grupo y yo estábamos en el patio cuando llegó y se acercó para hablar con nosotras. Parecía genuinamente interesado en nuestra versión de la historia y Scott genuinamente sorprendido de que habláramos con tanta franqueza con él. Después, Coogan fue al interior de la cárcel y pasó un tiempo hablando con Mairéad y viendo las celdas sucias, antes de ir al resto de alas.

Creíamos que estaba escribiendo un artículo para el *Irish Press* y nos sorprendimos al enterarnos de que había estado documentándose para su libro *On the Blanket*, que posteriormente fue retirado de circulación tras recibir amenazas de difamación por algunas de las personas –mayormente funcionarios de prisiones– que mencionaba en sus páginas.

Lo irónico de ese libro fue que Tim Pat Coogan dijo que, si no se resolvían las protestas en las prisiones, preveía ataúdes saliendo de las prisiones. Un año más tarde se demostró que tenía razón.

Una ironía aún mayor fue que la imagen que aparece en la cubierta, un sombrío cuadro de Robert Ballagh de una figura cubierta con un sudario, es el mismo que se utilizó veintiséis años después para la cubierta del libro *Hunger Strike,* encargado por la Fundación Bobby Sands para el vigésimo quinto aniversario de la huelga de hambre.

Cámara de contrabando

A los pocos meses de comenzar la protesta sucia conseguimos entrar de contrabando una cámara pequeña, una Kodak Instamatic con flash incorporado que utilizaba un rollo de película muy pequeño de veinticuatro tomas. Sacar fotos no era fácil, porque teníamos que vigilar y estar atentas a las boqueras cuando estábamos dentro de las celdas. Las que hacíamos en el exterior eran más fáciles, porque conocíamos los puntos ciegos del patio de ejercicio.

No sabíamos si saldrían bien, ni cuándo, y nos alegramos mucho cuando nos dijeron que eran muy buenas. Hasta la fecha, son imágenes imperecederas de las caras demacradas y los ojos hundidos que se veían en aquel momento en Armagh, imágenes que recuerdan a las víctimas de un campo de concentración. Caras de jóvenes que deberían de haber estado disfrutando de su adolescencia y sus veintipocos años en discotecas, comprando ropa y maquillaje, y creando un hogar. Pero, en vez de ello, se las ve en unas celdas pequeñas y oscuras, rodeadas de sus propios excrementos, abrigadas con parkas mientras dan vueltas a un patio de ejercicio pequeño, sentadas en grupo con la mirada perdida ante de la cámara. No son delincuentes diabólicas e insensibles con cuernos, solo jóvenes normales y corrientes en circunstancias extraordinarias.

Recuerdo que saqué algunas de esas fotos. No teníamos tiempo para posar ni para organizar la postura. Se hicieron rápidamente, pero esas imágenes siguen impresionando hoy en día.

Campaña de publicidad

La comunidad en general recibió horrorizada la noticia de la protesta sucia en Armagh.

Confinadas en la cárcel, no teníamos ni idea de la repugnancia y repulsión con las que era percibida.

Ahora, al recordarlo, entiendo perfectamente esa repulsión. Si a no lavarnos el cuerpo ni el pelo, llevar la misma ropa durante tres meses y extender nuestros excrementos en las paredes y el techo de las celdas se añade la menstruación y las compresas y tampones sucios, hasta yo me hago una idea de la desagradable sensación que provocaba en la gente en general.

Pero la administración de la cárcel nos había colocado en esa situación y teníamos que hacérselo entender a las personas en el exterior. No estábamos allí por voluntad propia. No teníamos planeado llevar a cabo esa protesta. Nos habían acorralado y la única forma de salir de esa situación era someternos o resistir. Tuvimos que tomar decisiones extremas y difíciles. La administración había tomado las suyas. Y, a su vez, nosotras tomamos las nuestras. Una vez que se aprobaron esas decisiones, teníamos que seguir adelante. También teníamos que conseguir que las personas que estaban fuera de la cárcel entendieran por qué estábamos allí y cómo eran las condiciones en las que vivíamos. Los artículos y manifiestos empezaron a circular con mayor rapidez.

Algunas compañeras demostraban tener talento para escribir; otras tenían ideas, pero carecían de la confianza en ellas mismas para plasmarlas en papel, así que combinamos esas dos habilidades. Para que ninguna sobresaliera en los escritos recorrimos el ala y no dejamos ningún nombre sin reflejar.

Si una de nosotras volvía de recibir una visita y decía que se iba a organizar una concentración en su zona y que querían que redactara un manifiesto, pedíamos a otra que lo escribiera y después se lo entregábamos a la primera para que lo copiara con su letra. Algunos manifiestos se publicaron firmados por alguna compañera sin que esta lo supiera, hasta que alguna visita venía y le decía que la habían leído en el *Republican News.*

En agosto de 1980, Nell McCafferty, periodista del *Irish Times,* escribió un artículo que suscitó debates intensos en los grupos feministas de Irlanda y consiguió que la cárcel de Armagh y las presas que secundaban la protesta fueran el centro de atención y se hablara de ellas en toda Irlanda.

El viernes 22 de agosto de 1980, en un extenso artículo titulado «Estoy convencida de que Armagh es una cuestión feminista», Nell McCafferty escribió:

> En las paredes de la cárcel de Armagh, en Irlanda del Norte, hay sangre menstrual. Las treinta y dos mujeres en huelga sucia no se han lavado desde el 8 de febrero de 1980; utilizan las celdas como váteres y durante más de doscientos días han vivido entre sus excrementos, orina y sangre.
>
> Las ventanas y mirillas están obstruidas. Las moscas y las babosas engordan mientras ellas adelgazan. Comen, duermen

y esperan en esa sombría suciedad iluminada eléctricamente, sin material de lectura, radio o televisión. Les permiten pasar una hora al día en el patio, con suerte, bajo la lluvia. En esas condiciones, las consecuencias para esas mujeres serán, como poco, infecciones urinarias, pélvicas y cutáneas. En el peor de los casos se enfrentarán a la esterilidad y posiblemente la muerte.

Están custodiadas por funcionarios varones y un alcaide varón, y asistidas por un médico varón. Las relaciones entre las mujeres y esos hombres nunca han sido buenas. En un entorno médico normal, por ejemplo en un hospital de Dublín, las mujeres que tienen que recurrir a médicos varones para asesoramiento, consulta y tratamiento a menudo tienen motivos de queja.

En la situación actual de enfrentamiento y hostilidad que reina en la prisión de Armagh sería razonable suponer que la relación entre las presas y los hombres responsables de ellas no es la más indicada para aliviar el desasosiego sobre la salud física de esas mujeres.

¿En qué nos incumbe, si lo hace?

La opción para las feministas en la cuestión de la cárcel de Armagh es evidente. Podemos no hacer caso a esas mujeres o expresar nuestra preocupación por ellas.

El 19 de julio se trasladó a Deirdre a una unidad de cuidados intensivos en un hospital de Belfast con poco más de treinta kilos. Al cabo de una semana se la envió de nuevo a la cárcel, en la que su peso continúa aumentando y descendiendo.

¿Qué hacemos? ¿Deberíamos alegar las feministas que ella misma se está infligiendo ese padecimiento, en caso de que se nos cuestione por abandono moral? La sangre menstrual en las paredes de la prisión de Armagh apesta. ¿Nos taparnos la nariz?

Ese artículo puso en términos crudos y descriptivos las condiciones que se nos obligaba a soportar, escandalizó a los lectores y tuvo un efecto inmediato, no solo en los grupos feministas, sino en toda la sociedad irlandesa. Las funciones fisiológicas de las mujeres no eran un tema que se debatiera en ámbitos públicos. El artículo de Nell

McCafferty impresionó, trastornó y también indignó a la gente. Y tuvo el efecto que había deseado en el debate: los lectores bombardearon el *Irish Times* con cartas que nos apoyaban o se oponían a su punto de vista.

An Phoblacht

La grave situación de los presos en los Bloques H y Armagh había engendrado un apoyo generalizado y todas las semanas el periódico republicano *An Phoblacht/Republican News* publicaba una larga lista de actos que se habían celebrado en todo el mundo en apoyo a los presos y presas. Alguien en el Departamento de Presos de Guerra del Sinn Féin transcribía todos los detalles en papel de liar y nos los entregaban de contrabando todas las semanas. Saber que gente de todo el mundo no solo estaba al tanto de nuestra lucha, sino que llevaba a cabo actos para apoyarnos, desde hacer protestas frente a embajadas británicas u oficinas de British Airways, vestirse con mantas y sentarse frente a las Houses of Parliament, hasta organizar concentraciones o manifestaciones, tuvo un tremendo impacto en nosotras. Nos permitió saber que no estábamos aisladas, que no estábamos solas. Cada vez que nos entregaban uno de esos informes, nos reuníamos en el patio y Mairéad o yo los leíamos a todas. Esperábamos ansiosas que llegaran.

Después, ¡un día enviaron todo el *An Phoblacht/Republican News*! Danny Devenney, el diseñador del periódico, tuvo la idea de imprimir ediciones en miniatura, a un cuarto del formato DIN A4, en papel muy fino y con poco peso. Aquello permitió que los periódicos fueran lo suficientemente pequeños como para introducirlos de contrabando en las cárceles. Finalmente podíamos leer de principio a fin: «War News», «Solidarity Greetings» o «Burke At The Back», ¡todo!

Pero, para varias de nosotras, algunas cosas no habían cambiado. Muchas mujeres tenían problemas de visión y no podían ver aquella letra diminuta ni siquiera con gafas. Por lo que se nos encomendó la tarea poco envidiable de leerlo en el patio a las que veíamos mejor.

Compás de espera

Durante toda la protesta se mantuvieron debates en el interior de las dos prisiones y con el Movimiento fuera de ellas, sobre la forma de encontrar una solución a las protestas en la cárcel o cómo forzar la situación para que alcanzara un punto crítico de una vez por todas.

El Gobierno británico parecía satisfecho dejando que la situación siguiera como estaba y no tenía intención de negociar. Creímos que habíamos agotado todas las vías. Habíamos sugerido salir de ese estancamiento –mantener nuestras alas, preparar nuestra comida y hacer coladas, e impartir educación vocacional y a tiempo completo–, pero los británicos no mostraron signos de desear una resolución. Insistieron en su política de criminalización dentro de las prisiones y en una política de enfrentamiento en las calles. Creían que podían dominar la prisión y, a pesar de que había funcionarios de prisiones asesinados por el IRA, daba la impresión de que cuanto más duraban las protestas, menos interés suscitaban fuera de los seis condados.

Además de la política gubernamental británica dentro de las prisiones, los ataques a activistas nacionalistas y republicanos fuera de ellas se intensificaron. En junio de 1980 dos destacados miembros del grupo de apoyo a los prisioneros, el Comité Nacional Bloques H/Armagh (NHBAC), fueron asesinados por paramilitares lealistas. El 4 de junio, La UDA asesinó a tiros a John Turnley, un nacionalista protestante y líder del Partido Independiente Irlandés, cuando fue a una reunión del concejo en Carnlough, condado de Antrim. Dos semanas más tarde Miriam Daly fue encontrada muerta en su casa en Andersontown. El grupo paramilitar Combatientes por la Libertad del Úlster reivindicó su muerte. Más adelante, el 15 de octubre, otros dos miembros del NHBAC fueron asesinados por la UDA en Turf Lodge, West Belfast. Ronnie Bunting y Noel Lyttle, ambos nacionalistas de origen protestante, fueron asesinados y la mujer de Ronnie Bunting, Suzanne, resultó gravemente herida.

Los republicanos y nacionalistas creían que esos asesinatos solo podrían haberse cometido con la connivencia de las fuerzas de seguridad británicas.

Enfrentados con un Gobierno británico cada vez más intransigente y la perspectiva de más años de protesta, se inició un debate dentro de las prisiones con el único fin de poner fin al punto muerto. En 1979 ya se había debatido la posibilidad de hacer una huelga de hambre. El Movimiento fuera de las prisiones no quería que los presos dieran ese paso. Los riesgos que implicaba eran tremendos, tanto para los presos como para la lucha republicana en conjunto. Una huelga de hambre ejercería una presión inmensa en la organización y se consideraba como un arma de último recurso.

Nadie, y mucho menos el Movimiento Republicano, quería que se produjeran muertes en las prisiones debidas a una huelga de hambre, pero, a nosotras, que estábamos dentro de una de ellas, nos parecía la única arma con la que contábamos. Las presas también la veíamos como un arma de último recurso.

Los presos cuentan con muy pocas formas de protesta. Teníamos la impresión de que habíamos llegado tan lejos como podíamos. No teníamos nada más. Muchos, muchísimos hombres y mujeres jóvenes habían cumplido la totalidad de sus condenas como presos implicados en las protestas: condenas de dos, tres y cuatro años. Muchos más se enfrentaban a sentencias más largas, sin perspectiva de que las protestas finalizaran. Los británicos no estaban interesados en llegar a un acuerdo o negociar. No veíamos el fin de las protestas, pero estábamos decididas a no dejar que nos humillaran. La situación había llegado a un punto muerto.

A comienzos de 1980 los debates sobre la huelga de hambre comenzaron en serio. Los comunicados iban y venían entre Mairéad y Brendan Hughes, oficial al mando en el Bloque H, para discutir los pros y los contras de semejante paso, las serias consecuencias que tendría para la lucha, tanto dentro como fuera de las prisiones, y el posible efecto de las muertes debidas a la huelga.

Ambos oficiales al mando presionaron insistentemente al Consejo del Ejército del IRA para contar con su apoyo en una huelga de hambre. Los presos no vimos otra forma de salir del estancamiento, pero sin el apoyo de ese consejo y, por consiguiente, de la familia republicana (política, militar, comunal y en la calle), nos habríamos quedado solos. Necesitábamos ese respaldo, el de otras organizaciones y a nivel internacional, para poner en práctica la estrategia de la huelga de hambre.

Finalmente, tras una serie de prolongados y agónicos argumentos por parte de las prisiones, el Consejo del Ejército del IRA nos concedió su respaldo y apoyo.

Huelga de hambre

Había que planificar la logística. ¿Cuándo empezaría la huelga de hambre? ¿Cuántos huelguistas habría? ¿Cuántos hombres? ¿Cuántas mujeres? ¿En qué momento se unirían las mujeres? Si un huelguista moría, ¿se reemplazaría enseguida o al cabo de un tiempo? ¿Durante cuánto tiempo se mantendría? Si el Gobierno británico aceptaba negociar, ¿con quién lo haría?

El flujo de comunicados de un lado a otro adquirió un ritmo frenético. Y se nos planteó otro problema. ¿Quién estaba preparada en la cárcel de Armagh para iniciar una huelga de hambre?

Teníamos que discutir la situación con el resto de mujeres, haciendo hincapié en términos enfáticos que ni una palabra de lo que se hablara podía salir de entre nosotras. Si los británicos se enteraban de nuestros planes perderíamos el elemento sorpresa y se nos adelantarían en los medios de comunicación e internacionalmente. Una prueba del compromiso de todas las mujeres fue que ni el más mínimo indicio de nuestra estrategia se filtró fuera de Armagh.

En el periodo previo a la huelga de hambre, Mairéad y yo compartíamos celda. Era vital que tuviéramos tiempo para hablar sobre los comunicados importantes, tomar decisiones y, de vez en cuando, mantener una discusión acalorada, sin interrupciones.

Al principio casi todas las presas que secundaban la protesta en Armagh se ofrecieron como voluntarias para la huelga de hambre, pero Mairéad y yo teníamos que estudiar la situación en términos realistas, más que emocionales. Muchas de esas mujeres habían sido víctimas de la política de criminalización del Gobierno británico. La mayoría de las que habían sufrido y eran víctimas de esa política no eran voluntarias. No podía contarse con ellas para la huelga de hambre, por intenso que fuera su compromiso.

Esa fue una cuestión sobre la que Mairéad y yo mantuvimos una de nuestras discusiones acaloradas. Las dos nos ofrecimos para hacerla, pero en ese momento me quedaban nueve meses de pena y Mairéad argumentó que eso era razón suficiente para que no iniciara la huelga de hambre. Me negué a aceptar su razonamiento. Insistió en que mi participación solo conseguiría dar la imagen de que estábamos desesperadas. Yo estaba furiosa y me obstiné en que se incluyera mi nombre. Finalmente aceptó, pero poco tiempo después me dijo que no me habían elegido.

El siguiente paso era hablar personalmente con todas las mujeres que se habían ofrecido y asegurarnos de que sabían lo que les esperaba. Era necesario un compromiso y una comprensión absolutos de las consecuencias por parte de todas y de a qué se enfrentaban como huelguistas. No podíamos permitir que una mujer iniciara la huelga de hambre y después decidiera que no podía seguir adelante. Que alguna interrumpiera la huelga al cabo de un tiempo sería peor que si no la iniciaba ninguna.

Mantuvimos conversaciones serias y prolongadas con todas las que se habían apuntado. Nos aseguramos de que la iniciarían con los ojos bien abiertos, que se daban cuenta de las consecuencias, no solo para ellas, sino para la lucha en conjunto, para sus amigos y camaradas y, especialmente, para sus familias. Sus familias eran, sobre todo, a las que tenían que convencer de que la huelga de hambre era el único camino, sus familias eran las que tendrían que soportar el mayor dolor.

En los meses finales de 1980 se realizó un gran examen de conciencia en Armagh. Y finalmente se confeccionó la lista.

Solo un reducido número de mujeres sabía quiénes iban a ser las primeras huelguistas en Armagh y a otras se les comunicó que serían el respaldo, en el caso de que alguna muriera.

Las que iban a iniciar la huelga de hambre empezaron a comer tanto como permitía la dieta de la cárcel, para intentar aumentar peso. Las que sabíamos quiénes iban a ser las huelguistas decidimos renunciar a nuestra comida para dársela a ellas.

Mairéad, Mary, Margaret

A finales de octubre de 1980 Mairéad Farrell dimitió como oficial al mando. Iba a ser una de las tres huelguistas, junto con Mary Doyle, de Greencastle, North Belfast, y Margaret Nugent, de Andersonstown, West Belfast.

Si iniciaba la huelga, Mairéad no podía seguir siendo oficial al mando. Me asignaron el cargo, junto con Ellen McGuigan, de Andersonstown, como ayudante.

El oficial al mando de los Bloques H, Brendan Hughes, también iba a iniciar la huelga de hambre y Bobby Sands ocupó su puesto.

Para intentar parecer menos intransigente en la cuestión de las cárceles, el Gobierno británico permitió una segunda visita, media hora cada catorce días. Rechazamos esa «concesión», pero en el periodo previo a la huelga de hambre y durante ella, las dos prisiones decidieron utilizarla en beneficio propio. Necesitábamos vías de comunicación con la organización fuera de las prisiones y entre ellas, por lo que en Armagh volvieron a instituirse turnos.

Se pidió a los presos de otros lugares de los seis condados que renunciaran a su visita y recibieran las de mensajeros de Belfast, muchos de ellos miembros de los comités de Jóvenes contra los Bloques H y Armagh que se habían formado en todo el país.

Durante la huelga de hambre conseguimos organizar al menos una visita cada día, seis días a la semana. Paddy Kerr, padre de Rab Kerr, un preso que secundaba la protesta en los Bloques H, proporcionó transporte los días en que el microbús de la sede del Sinn Féin no estaba disponible. En ocasiones hacía el viaje de ida y vuelta a Armagh cuatro veces a la semana. Estamos en deuda con Paddy y con todos esos jóvenes que ofrecieron su tiempo para mantener abiertas esas importantes vías de comunicación.

El 27 de octubre de 1980 siete hombres de los Bloques H iniciaron la huelga de hambre: Brendan Hughes (Belfast), Leo Green (Lurgan), Raymond McCartney (Derry), Tom McFeely (South Derry), Tommy McKearney (Tyrone), Seán McKenna (Newry) y John Nixon (ciudad de Armagh).

Nos mantenían informadas diariamente sobre su estado físico a través de comunicados desde Belfast. Mientras tanto, los preparativos para la huelga de hambre en Armagh estaban muy avanzados.

Redactamos un manifiesto para que se publicara cuando comenzara la huelga y las tres mujeres hubieran preparado a sus familias para lo que iba a pasar.

El manifiesto se publicó el 1 de diciembre de 1980 y decía así:

> El lunes 1 de diciembre de 1980, nosotras, las abajo firmantes, iniciamos una huelga de hambre como parte esencial de nuestros cuatro años de protesta para conseguir el estatus de presas políticas. Tomamos esta decisión después de sufrir un tratamiento cruel e inhumano durante muchos años y tras agotar todos los medios de protesta.
>
> En agosto el cardenal Ó Fiaich, que se había reunido con Humphrey Atkins, nos comunicó que se sentía «moderadamente optimista» acerca de lograr un gran avance, pero, por desgracia, sus esfuerzos fueron en vano debido a la intransigencia del Gobierno británico.
>
> La plena responsabilidad de la situación en la prisión de Armagh y en los Bloques H recae plenamente en el Gobierno británico, que durante cuatro años ha tratado esa cuestión con absoluto desprecio, ha hecho caso omiso de todas las protestas

y expresiones de preocupación generalizadas y ha permitido que el problema alcance esta fase final.

Nosotras, las mujeres de Armagh, vestimos nuestra ropa, pero nos negamos a realizar trabajo carcelario, a cooperar con el régimen de la prisión, que tiene órdenes del Gobierno británico de criminalizar, tanto a nosotras como a lo que creemos y por lo que hemos luchado, la libertad de Irlanda. La causa de la libertad irlandesa no es una causa criminal, sino política, y para conseguirla vamos a iniciar una huelga de hambre.

Nuestras reivindicaciones son: derecho a no realizar trabajo carcelario; derecho a organizar actividades educativas y recreativas; derecho a una visita, paquete y carta semanal; derecho a asociarnos con otros presos políticos y la restitución de la reducción de pena, que perdimos como resultado de la protesta. También apoyamos plenamente la exigencia de nuestros camaradas en los Bloques H: el derecho a no vestir el uniforme carcelario.

Hacemos un llamamiento al pueblo irlandés para que apoye nuestra postura y, sobre todo, a nuestras hermanas en Irlanda, y a todo el mundo, para que se unan a nosotras y alcen la voz en los difíciles días que nos esperan.

De ser necesario, estamos preparadas para ayunar hasta la muerte, pero nuestro amor por la justicia y por nuestro país vivirá para siempre.

Firmado: Mary Doyle, Mairéad Farrell y Margaret Nugent
Ala A, prisión de Armagh

Comienza la huelga de hambre

El 1 de diciembre Mairéad, Mary y Margaret se negaron a desayunar e informaron a las boqueras de que estaban haciendo una huelga de hambre. No fue un día fácil para ninguna de nosotras. Mantener la moral alta sabiendo que siete hombres habían dejado de comer había sido difícil, pero que hubiera tres mujeres en la misma situación en nuestra ala nos deprimió del todo.

Durante los días siguientes, las tres mujeres que hacían huelga de hambre pasaron mucho tiempo hablando con sus amigas y camaradas, tranquilizándolas e intentando levantarles el ánimo. Pero no funcionó. Su buen humor no convenció a nadie. Todas estábamos destrozadas.

Aquel mismo día se trasladó a las tres mujeres a una de las celdas dobles. Aquella medida alivió en parte la presión en sus compañeras de celda, a las que resultaba muy difícil encarar la situación a las horas de las comidas. Además, el que estuvieran juntas les permitía apoyarse mutuamente y al menos sabían por lo que estaba pasando cada una de ellas y cuáles eran los efectos de la huelga de hambre. El resto solo podíamos observar y preocuparnos.

Seguíamos encerradas veintitrés horas al día y conseguí poder hacer ejercicio al mismo tiempo que las huelguistas. Ese contacto era vital.

El doctor Cole veía a las tres mujeres todos los días para comprobar su estado. Las pesaba, les tomaba la presión y el pulso, y les preguntaba si sentían algún dolor o tenían problemas.

Al tiempo que el doctor Cole anotaba los síntomas y resultados, Mairéad hacía lo propio y esa información, y cualquier otro síntoma o efecto adverso, se enviaba de contrabando a Belfast, junto con uno de mis comunicados.

Nos habían aconsejado que las huelguistas bebieran ocho vasos de agua al día, que la sal era fundamental y que debían tomarla diariamente. Las tres mujeres intentaron añadir sal al agua que bebían, pero aquel sabor salobre las hacía vomitar, lo que empeoraba su estado. También intentaron chupar sal, pero les hacía vomitar igualmente. Informé al exterior de ese problema y al poco recibí un comunicado que recomendaba que dijera a las mujeres que pidieran pastillas de sal. Eran del tamaño de una aspirina y podían tragarlas tomando agua. A pesar de que el doctor Cole conocía la existencia de esas pastillas, no les había facilitado esa información. ¡Menudo juramento de proteger la vida el de ese médico!

Las tres mujeres experimentaron un notable y rápido cambio físico en su estado. Para empezar, ninguna pesaba mucho, pero al poco tiempo, la pérdida de peso empezó a ser evidente. A los pocos días de iniciada la huelga las tres informaron de que sufrían dolores de cabeza que les nublaban la vista y mareos. No podían tomar medicación porque la administración de la cárcel lo habría entendido como un quebrantamiento de la huelga de hambre. También tenían problemas para dormir y las tres mostraban sombras oscuras bajo los ojos hundidos.

Conforme pasaban los días empecé a notar cierto olor en el aliento de Mairéad cuando me hablaba. No me preocupó, más bien era un olor dulce. Pensé que su cuerpo se estaba purgando, que iba eliminado impurezas o, lo que podría ser más alarmante, que su cuerpo se descomponía. Es un recuerdo extraño, pero intenso. A menudo me pregunto si el resto de mujeres se fijó también en ese olor.

Los cambios físicos eran apreciables, los psicológicos, no. Nos resultaba difícil sacar a relucir el tema, pero tenía que preguntarles cómo se sentían, ¿deprimidas, asustadas, inseguras? La preocupación primordial de las tres era su familia, sobre todo sus padres y madres. Comentaron el miedo y la tristeza que habían visto en los ojos de sus padres, y su sincera preocupación por los que eran testigos de su sufrimiento era palpable.

Pero incluso en una situación tan terrible sucedían cosas disparatadas e insensatas. Las bromas y discusiones, las riñas con las boqueras, las noticias que traían las visitas y la constante batalla diaria para mantener la moral, si no alta, al menos que no se hundiera. Y, aun así, había cosas de las que nos reíamos.

John Lennon ha muerto

Quizá muchas personas tengan recuerdos extraños del 8 de diciembre de 1980, pero seguramente ninguno tan surrealista como el mío. Me acordaré de ese día toda mi vida.

Conservo un vivo recuerdo de cuando la mirilla de la puerta de la celda se abrió de par en par y Mairéad me susurró con urgencia y tono sumamente inquieto:

—¿Has oído la radio? –Se me heló la sangre, se me erizó el vello de la nuca y se me puso carne de gallina en los brazos.

Salté de la cama en dirección a la puerta y pegué la cara a la rejilla, Mairéad estaba pálida y evidentemente alterada. En lo único que pude pensar fue: «¡Dios mío, uno de los hombres ha muerto!». Conseguí despegar la lengua del paladar de la boca seca y gruñí:

—¿Qué?

—John Lennon ha muerto –respondió.

Y pensé: «Un momento. ¿Quién cojones es John Lennon?», antes de repasar mentalmente la lista de nombres: Seán McKenna, Leo Green, John... ¿Se refería a John Nixon? Entonces pregunté:

—¿Quién ha muerto?

—John Lennon. Le han disparado en la puerta de su casa en Nueva York.

—¿De verdad?

—De verdad.

Me quedé de piedra. Empecé a temblar. ¡Quería matarla!

—Así que John Lennon ha muerto –dije.

—Sí.

—¡John Lennon! ¡Creía que ibas a decirme que había muerto uno de los compañeros en huelga de hambre! ¡Como salga de aquí la que estarás muerta serás tú!

Todavía recuerdo su cara. Su sorpresa ante mi reacción seguramente fue mucho mayor que cuando se enteró de que el pobre John Lennon había muerto.

Con el tiempo nos reímos, pero aquel día estaba hecha una furia.

Estado crítico

Mairéad y yo éramos buenas amigas, pero nuestra amistad pasó a segundo plano ante lo que estaba sucediendo en el plano político. No hablábamos de sentimientos o preocupaciones personales ni de cómo nos afectaban las cosas, no era el momento. Por desgarrador que fuera ver sufrir a amigas, presenciar los cambios físicos que estaban experimentando, ser testigo de la pena del resto de jóvenes en esa ala, teníamos un deber que cumplir y todas debíamos mantener a raya los sentimientos personales. Manteníamos una protesta sucia y el Gobierno británico seguía decidido a doblegarnos.

Recibía comunicados frecuentes de Bobby Sands y de camaradas del exterior. Me contaban que la situación en los Bloques H había llegado a un punto crítico. En Armagh pasaba lo mismo. A pesar de haber empezado treinta y cuatro días después que los hombres, a las mujeres se les acababa el tiempo rápidamente. Empecé a hablar con las que iban a sustituir a las tres huelguistas, en caso de que muriera alguna, e intenté concienciarlas de que podrían reemplazar a una huelguista muerta en poco tiempo.

La actitud mental de las tres mujeres era excelente. Bromeaban y tomaban el pelo a las compañeras igual que siempre, pero no podían ocultar el cambio físico.

Todos los días hacían ejercicio y, mientras el resto de las mujeres daban vueltas al patio, Mairéad y yo nos sentábamos en las escaleras del Anexo y comentábamos la situación, al tiempo que Mary y Margaret dedicaban ese tiempo a estar con sus amigas, aunque no podían andar porque consumía demasiada energía. Antes de que acabara la hora, Mairéad daba una vuelta despacio con Sinéad y entonces yo hablaba con las otras dos. Al poco, las boqueras las llamaban para que volvieran al ala hospitalaria a la que las habían trasladado cuando llevaban una semana en huelga de hambre; algo que no se decidió debido a su estado físico, sino porque el doctor Cole argumentó que las condiciones en el ala A –suciedad, gérmenes y el estado insalubre en general– podría producir infecciones, por lo que, a regañadientes, aceptaron ir.

Al recordarlo ahora, creo que aquel traslado fue un error. Las tres mujeres se quedaron aisladas, el único contacto diario que tenían era la hora para hacer ejercicio y, al menos, en el ala contaban con el consuelo de tener a sus amigas cerca. Y nosotras las echábamos de menos. Nos habíamos convertido en una especie de gran familia, en un grupo muy unido, y la ausencia de las tres era patente. Nos habíamos acostumbrado tanto a cuidar las unas de las otras que nos preocupaba no saber lo que les estaba pasando en el ala hospitalaria. Su llegada todos los días al patio nos procuraba un gran alivio.

Y cada día los cambios físicos eran más visibles. Incluso abrigadas con las parkas, la pérdida de peso era evidente. Estaban demacradas. Las parkas cubrían unas figuras que apenas eran un montón de huesos. Cuando andaban tenían que subirse continuamente los vaqueros para que no se les cayeran. Incluso los zapatos parecían demasiado grandes para sus pies. Estaban tan pálidas que su piel parecía transparente y daba la impresión de que se había estirado tanto que los pómulos sobresalían de forma inconcebible.

Mary y Mairéad parecían perder peso con más rapidez que Margaret, pero seguramente se debía a su constitución física; Mairéad era la más pequeña de las tres y la más flaca cuando comenzaron la huelga de hambre; Mary era la más alta y su altura parecía exagerar el aspecto demacrado. No resultaba nada agradable verlas y sabía que les quedaba mucho más que soportar.

Al final de la segunda semana de huelga de hambre en Armagh, la situación en los Bloques H era crítica. Los republicanos en el exterior habían intentado negociar un acuerdo y se abrió un «canal extraoficial» secreto entre la dirección republicana y el Gobierno británico, que había permanecido inactivo durante años. A través de ese canal se dejó claro que los presos estaban abiertos a negociar un pacto que pusiera fin a las protestas carcelarias de forma amistosa, que nadie quería ver ataúdes saliendo de los Bloques H o Armagh.

El 15 de diciembre, en un intento de presionar al Gobierno británico para que negociara, veintitrés hombres se unieron a la huelga de hambre en los Bloques H.

Fin de la huelga – Confusión

Tres días más tarde, el 18 de diciembre, estuve oyendo la radio casi todo el día. El resto de las mujeres del ala vigilaron para avisarme en caso de que aparecieran las boqueras. Llevaba horas atenta a las últimas noticias. Se informó de que uno de los huelguistas, Seán McKenna, había entrado en coma y podía morir en cualquier momento. Me guardé esa información, pero les dije al resto de mujeres que su estado era crítico. Nuestras tres huelguistas estaban en el ala hospitalaria y se habían enterado, a través de su aparato de radio, de la crisis que se estaba produciendo.

A eso de las 22:30 oí una información de última hora en Downtown Radio y me preparé para recibir la noticia de la muerte de Seán. Pero, en vez de ello, el locutor anunció que la huelga en los Bloques H había terminado. Después informó de que las autoridades penitenciarias habían comunicado que los presos en huelga de hambre en el ala hospitalaria de la prisión habían puesto fin a su ayuno y que Seán McKenna seguía vivo y se le estaba tratando en el Musgrave Park Military Hospital de Belfast.

Me quedé petrificada, impactada. No sabía qué estaba pasando y, encerrada en la celda, no tenía forma de enterarme. Al otro lado del círculo, en el ala hospitalaria, las tres huelguistas estaban en la misma situación que yo. Nos esperaba una larga noche.

Mientras tanto, Danny Morrison, un representante del Departamento de Presos de Guerra del Sinn Féin y miembro del grupo que actuaba de enlace con nosotras, estaba en la puerta de la cárcel de Armagh e intentaba verme. La administración de Armagh le negó la entrada rotundamente.

El viernes 19 de diciembre amaneció sin que hubiera pegado un ojo. Después de medianoche no hubo más noticias de última hora y hasta entonces todas habían sido las mismas. A las seis se ofreció el primer informativo del día y el locutor no hizo más que aumentar la confusión. Dijo que no se había alcanzado un acuerdo, que se había puesto fin a la huelga de hambre, que los representantes del Sinn Féin no estaban disponibles para hacer comentarios y que el Gobierno británico acogía con satisfacción la noticia del final de la huelga de hambre y de las protestas en las prisiones. No tenía ni idea de lo que estaba pasando y las boqueras de la cárcel de Armagh, por suerte, estaban más confundidas que yo. Al menos aquello nos concedió un poco de tiempo.

Scott fue a ver a Mairéad al ala hospitalaria y le preguntó cuándo empezarían a comer. Mairéad le dijo que la huelga de hambre no acabaría hasta que hablara conmigo. Scott rechazó la solicitud de Mairéad de mantener una reunión conmigo y se fue.

Los noticiarios difundían comentarios de varias fuentes, que aseguraban que el documento entregado por el Gobierno británico había puesto fin a la huelga de hambre en los Bloques H y Armagh. Los portavoces del Sinn Féin se limitaron a decir que estaban estudiando las propuestas británicas.

Scott seguía negándose a permitir que Mairéad viniera a verme y, conforme la mañana iba alargándose hasta la tarde, la hora de las visitas se acercaba. Ese día tenía una de Danny Morrison y estaba segura de que me aclararía cualquier tipo de duda. Toqué el timbre y pedí a una boqueras que comprobara si había llegado mi visita. No regresó. Poco después, una de las mujeres que había recibido una visita se acercó a la mirilla y me dijo que Danny estaba fuera, pero que la persona que había ido a verla le había dicho que las boqueras no le dejaban entrar.

Me puse furiosa y exigí ver al alcaide. Al poco rato una boqueras me llevó a la oficina, en la que McMullan, el subalcaide, me informó de que se habían prohibido las visitas de Danny Morrison. No hubo forma de argumentar con él, se mostró inflexible. Entonces exigí que me llevaran al ala hospitalaria para ver a las huelguistas. No me lo permitió. Le amenacé con que la huelga de hambre continuaría hasta que hablara con un representante del Movimiento Republicano. Se mostró completamente impasible.

Volví a la celda enfadada y confusa. Al final, seguramente tras caer en la cuenta de que las tres mujeres no pondrían fin a la huelga de hambre hasta que Mairéad hablara conmigo, Scott cedió y la trajeron a mi celda.

Mairéad me preguntó qué creía que debían hacer y no supe qué contestar. La única información de la que disponíamos era que la huelga de hambre en los Bloques H había acabado, que se había entregado un documento y que el Gobierno británico se había atribuido la victoria. Era evidente que algo andaba mal. Además, que no hubieran permitido la entrada a Danny Morrison sugería que las cosas no iban bien. Evaluamos la situación entre las dos. Las tres mujeres seguían en huelga de hambre, pero con el fin de la huelga en los Bloques H en un momento tan crítico, nuestro poder de presión había desaparecido. ¿Daría la impresión de que las prisiones estaban divididas si las mujeres continuaban con la huelga de hambre? ¿Cuánto tardarían los medios de comunicación en enterarse? ¿Cómo íbamos a explicar ese paso sin que se pensara que los hombres de los Bloques H nos habían abandonado, desconcertado y dejado al margen? ¿Cómo se entendería en el exterior?

No podía decirle a Mairéad que pusiera fin a la huelga de hambre ni que la continuara. Nuestra única opción era sopesar los pros y los contras y esperar que la decisión que tomáramos fuera la correcta. Seguíamos teniendo fe en los camaradas de los Bloques H y plena confianza en los portavoces en el exterior, pero la falta de información y el hecho de que el Gobierno británico se hubiera atribuido la victoria nos confundía.

Finalmente, Mairéad dijo: «Parece que todo ha acabado», y estuve de acuerdo. Me preguntó si creía que deberíamos poner fin a la huelga y le contesté que no veía la forma de continuarla.

«Hablaré con todas», dijo, y al cabo de una hora acabó la huelga de hambre en la cárcel de Armagh.

Más tarde me avisaron de que tenía una visita «vocacional». Nunca había estado en ninguna y no conocía a ninguno de los sacerdotes de mi parroquia, pero aquello no supuso ningún problema porque el que vino no pertenecía a la mía.

Se presentó como alguien que había estado trabajando entre bastidores y me explicó que le habían pedido que nos hiciera una visita a Mairéad y a mí después de la negativa por parte de la Oficina de Irlanda del Norte a dejar entrar a Danny Morrison. Me explicó que el Gobierno británico había entregado un documento, pero no el que se esperaba; que no abarcaba todo lo que se había solicitado, pero que, dadas las circunstancias, se intentaría dar forma al contenido de acuerdo con nuestras necesidades. Dijo que el documento no era del dominio público, pero que recibiríamos una copia lo antes posible. Hasta entonces, alguien de la sede del Sinn Féin vendría a verme y aportaría más datos sobre la situación.

Explicación

A lo largo de los siguientes días, a través de comunicados y visitas, nos enteramos de lo que había sucedido en los Bloques H.

Brendan Hughes, anterior oficial al mando en los Bloques H y líder de los siete camaradas en huelga de hambre, estaba al tanto de los contactos secretos entre los republicanos y el Gobierno británico. El 18 de diciembre se enteró de que los británicos iban a entregar un documento que podría poner fin al callejón sin salida de las cinco exigencias de los presos.

Aquella noche cuando el estado de Seán McKenna se deterioró más y alcanzó un punto crítico, fue trasladado del hospital de la prisión a otro en el exterior y se esperaba que muriera. Al mismo tiempo, las autoridades en los Bloques H se negaron a que Bobby Sands, el oficial al mando, fuera al ala hospitalaria para hablar con los huelguistas. Como líder absoluto, debía de haber estado al tanto y haber participado en toda decisión que se tomara para poner fin a la huelga.

Brendan, que creía que Seán iba a morir y que el Gobierno británico había entregado ese documento con el compromiso o potencial para acabar la huelga, dio órdenes a las autoridades penitenciarias para que administraran atención médica a Seán McKenna e indicó a los otros cinco hombres que pusieran fin a la huelga de hambre.

De nuevo entre nosotras

El 21 de diciembre, Mairéad, Mary y Margaret regresaron al ala. Estaban demacradas y pálidas, pero muy contentas de volver a estar con nosotras. El doctor Cole les había aconsejado que se quedaran en el ala hospitalaria un día o dos más, pero ya se habían hartado de tanta esterilidad.

Mary me contó su primera comida, la tarde del 19 de diciembre en el ala hospitalaria: té y una tostada con mantequilla. Aseguró que no le apetecía nada, que había perdido el apetito y que lo único que pudo hacer fue engullirlo a la fuerza. Explicó que tuvo la sensación de haber estado horas masticando y que tuvo problemas para tragar, como si su cuerpo se negara a admitir elementos extraños; que sentía que la garganta casi se le había cerrado y que ingerir ese pequeño pedazo de tostada masticada era como tragarse una pelota de golf.

Empezaron a mejorar poco a poco. Recobraron el color y al cabo de unas semanas fueron ganando peso y pasaron de ser esqueletos andantes a jóvenes muy delgadas. En el ala el alivio era palpable. Las Navidades de 1980 no fueron las más deseables de nuestras vidas, pero sí mejores de lo que esperábamos; aunque no había muerto ninguna, seguíamos en el mismo agujero.

Pocos días después recibí una carta entrada de contrabando de Philip Rooney, un amigo que estaba en los Bloques H, escrita tres días después de que acabara la huelga de hambre, el 21 de diciembre.

Decía así:

> Bueno, Síle. La huelga ha acabado. Gracias a Dios no ha muerto nadie. Seguimos sin tener estatus, así que imagino que hemos perdido, aunque todavía no hemos acabado.
>
> Reina una confusión absoluta, tanto en el exterior como en el interior, sobre cuál ha sido el verdadero resultado. Desde el jueves esta ala parecía un circo, el ambiente era frenético...
>
> En pocas palabras, los británicos ofrecieron un documento que proponía una reforma penitenciaria: podríamos vestir nuestra ropa y el trabajo consistiría en educación. Ahora no parece que vayamos a conseguirlo. Pero, entre tanta confusión, algo está claro, seguiremos así hasta que se nos concedan unas condiciones aceptables.

Pérdida de presión

Recibimos el documento de los británicos y lo estudiamos detenidamente para encontrar alguna luz al final del túnel. Ya habíamos aprendido a esperar lo peor. Bobby Sands me envió un comunicado en el que resaltaba lo que contenía; o, mejor dicho, lo que no contenía. Los presos habían decidido intentar forzar a los británicos a dar algún paso y Bobby había redactado un manifiesto en su nombre, que decía:

> Dependiendo de la actitud sensata y responsable del Gobierno británico a la hora de aplicar sus propuestas, los hombres de la manta darán una respuesta positiva. Estamos convencidos

> de que la puesta en práctica de estas propuestas cumplirá los requisitos de nuestras cinco exigencias básicas. Los presos republicanos no vestirán el uniforme carcelario ni participarán en ningún tipo de trabajo penitenciario.

Pero enseguida quedó claro que los británicos no tenían intención de poner fin a esa situación amistosamente. Se mostraban tan intransigentes como siempre.

De haber continuado la huelga de hambre habríamos estado en mejor posición para negociar, pero una vez desaparecida esa forma de presión, nos encontrábamos en una coyuntura en la que intentábamos desesperadamente conseguir tantos beneficios como fuera posible, mientras que los británicos no estaban dispuestos a hacer ninguna concesión. En la cárcel de Armagh al menos teníamos algo que celebrar: el 11 de enero de 1981 nuestra amiga y camarada Deirdre fue excarcelada por razones de salud.

Mientras tanto, en los Bloques H se intentaba resolver la situación a nuestro favor. A principios de enero un ala de los Bloques H fue trasladada a celdas limpias en espera de que se les entregara su ropa. Pero la administración se negó a hacerlo y los presos destrozaron las celdas para demostrar que la protesta continuaba.

En una carta escrita el 29 de enero de 1981, Seán McVeigh, otro amigo y preso de guerra en los Bloques H, describió lo que había sucedido:

> Bueno, Síle [...] como sabes, la semana pasada intentamos que nos dieran nuestra ropa y permitimos que veinte hombres se lavaran, pero los británicos se empecinaron y se negaron a interpretar el documento en la forma en que se esperaba, por lo que el martes por la noche el ala de Teddy y otra ala en el H3 destrozaron todo el mobiliario que habían conseguido en la «prueba». Esa misma noche los boqueras los trasladaron al ala vacía que acabábamos de abandonar el día anterior y que todavía estaba sucia y húmeda.

Golpearon a todos los ocupantes del ala de Teddy, oímos las palizas desde las otras alas. Como posiblemente sabrás, Eddie Brophy sufrió un infarto y a Skin Digney le rompieron un brazo. Los dejaron en esas celdas sin nada, aparte de las toallas diminutas que nos proporcionan. Te habrías sentido orgullosa de haberlos oído cantar y bromear hasta el día siguiente. Dormir era imposible. Ese día los trasladaron al H6 y allí es donde se quedarán hasta que los boqueras arreglen de nuevo las rejillas de las celdas.

Preparativos para la segunda huelga de hambre

Mientras tanto se estaban llevando a cabo los preparativos para una segunda huelga de hambre y, en esa ocasión, Bobby Sands estaba decidido a que no se pusiera en práctica una política de jugar con fuego. Se mantuvo firme en que sería el primero en hacerla.

El 5 de febrero de 1981 se anunció que la huelga de hambre empezaría el 1 de marzo. Sin embargo, esa vez no se haría en la cárcel de Armagh.

Lo que no quiere decir que las mujeres no se hubieran ofrecido, sino que para la segunda huelga había menos.

Mary y Mairéad se presentaron como candidatas, pero la presión, física y psíquica, de la huelga de hambre de diciembre les había afectado mucho más de lo que creían. Individualmente y por separado, retiraron sus nombres. No fue fácil para ninguna de las dos partes, la decisión final les causó una tristeza enorme y sé que sintieron que nos habían decepcionado a todas. Retirarse seguramente les resultó mucho más duro que presentarse.

Jamás olvidaré sus caras o la desesperación en su voz cuando vinieron una detrás de la otra a decirme que no podían seguir adelante. Las dos lloraron. Las dos hablaron de sus sentimientos, de que estaban defraudando a todas y de cuánto deseaban tener fuerzas para poderla hacer.

Intenté tranquilizarlas por todos los medios y les aseguré que todas lo entenderían; que lo que habían pasado había sido una lucha tremenda y que sabía que no estaban en condiciones, ni física ni psíquicamente, para enfrentarse de nuevo a algo así. No creo que nada de lo que les dije las consolara. Sé positivamente que durante los siguientes meses se replantearon muchas veces su decisión.

Después tuve que hablar individualmente con el resto de voluntarias para llevar a cabo la huelga de hambre y asegurarme de que sabían en lo que se metían. En aquella ocasión no habría otra persona en la que apoyarse. Se enfrentaban a un camino largo y solitario.

No sé qué pensamientos pasarían por sus cabezas, pero estoy segura de que ninguna tomó su decisión a la ligera. Todas vinieron y retiraron su propuesta. Pero era mejor que no siguieran adelante, a darse cuenta de que no podían continuar a las pocas semanas de empezar la huelga.

A mediados de febrero me enfrenté a la difícil tarea de informar al exterior y a Bik McFarlane, que había ocupado el puesto de Bobby como oficial al mando, de que en la cárcel de Armagh no se haría huelga de hambre. Creo que la noticia sorprendió a todo el mundo. Pensé que aquello daría la impresión de que la entereza de los presos empezaba a resquebrajarse y que los británicos lo usarían en beneficio propio. Bik y Bobby me aseguraron que esa decisión no repercutiría en la lucha o en el resultado de la huelga de hambre. No me creí ni una palabra. Me dijeron que me mantendrían informada del desarrollo y que, si se llevaba a cabo alguna negociación, insistirían en que estuviera presente para representar a las mujeres de Armagh.

Diferencias

Aunque Bik y Bobby me aseguraron que la oficial al mando de Armagh estaría incluida en cualquier negociación, Mairéad y yo diferíamos sobre a quién mantendrían informada.

Mairéad era mi ayudante desde el final de la huelga de hambre y cuando me comunicó que no iba a participar en la segunda, le dije que debería reasumir su cargo de oficial al mando. Insistió en que no quería hacerlo y lo rechazaba cada vez que se lo ofrecía. Mantuvimos discusiones muy acaloradas durante días, las dos estábamos enfadadas la una con la otra por ser tan testarudas. Había sido su ayudante tanto tiempo que me sentía incómoda con esa inversión de los papeles, me sentía cohibida y desleal. Mairéad creía que, al no haberse presentado como voluntaria para la huelga de hambre, no merecía el puesto. Aquel asunto ejerció una presión enorme en nuestra amistad.

Se mantuvieron debates entre las dos prisiones y el exterior sobre la estrategia de la segunda huelga de hambre. Se creía que la huelga en sí era un medio suficiente de protesta: no nos hacíamos ilusiones, una vez que se tomara esa decisión y se pusiera en práctica, produciría muertes. El énfasis y la energía de todos debían centrarse en que el número de muertes fuera el menor posible. Discutimos sobre si poner fin a la protesta sucia, para derivar toda la atención a la huelga de hambre y que nada le restara valor. Muchas personas no entendían las razones que nos llevaron a iniciar la protesta sucia, por mucho que se lo explicáramos. Esa forma de protesta se había convertido en una distracción de las cinco exigencias esenciales, por lo que decidimos abandonarla, como forma de protesta.

Pocos días antes del 2 de marzo recibí una visita de Jim Gibney, miembro del Departamento de Presos de Guerra del Sinn Féin, que me preguntó si deseábamos poner fin a la protesta sucia y cuándo iba a informar a Scott. Le dije que no tenía intención de decirle nada, que se negaba a reconocerme como oficial al mando y que por qué iba a reconocerlo a él. Jim pensó que era divertidísimo y evidentemente estaba en la línea de su sentido del humor. Para mí era simplemente pagarle con la misma moneda. Sabía que pondría patas arriba todo el régimen y las mujeres republicanas lo estaban deseando.

Una forma terrible de vivir

El 2 de marzo indiqué a todas las mujeres que dijeran a una boqueras que quería verla y que no hicieran nada con los orinales hasta que la vieran salir de mi celda.

Dio la casualidad de que la boqueras que estaba en el ala ese día era McIlroy, una de las pocas católicas del otro bando, en el que, por lo general, apenas había seres medio decentes. Abrió la puerta y le informé de que la protesta sucia había acabado, que las mujeres necesitarían ducharse, ropa de cama limpia y que las trasladaran a celdas limpias lo antes posible. Creyó que le estaba tomando el pelo y se echó a reír. Después pasó la vista a Mairéad y le dijo: «Lo dice en serio, ¿verdad?». Mairéad se limitó a enarcar una ceja y sonreír.

McIlroy añadió: «Gracias a Dios, es una forma terrible de vivir», y se fue corriendo por el pasillo.

Conforme se abrieron las celdas, las mujeres fueron a vaciar el orinal en el desagüe y por primera vez en un año el suelo del ala A estuvo relativamente limpio.

Unos diez minutos después de que se fuera McIlroy, una jefa de servicio vino a mi puerta y preguntó:

—¿Quería verme?

—No –contesté, y se fue.

Pocos minutos después una funcionaria superior abrió la puerta y preguntó:

—Síle, ¿quería hablar conmigo?

—No.

—¿Está segura?

—Sí –respondí, y se fue.

Mairéad y yo nos estábamos divirtiendo de lo lindo.

Finalmente volvió la funcionaria superior y preguntó si querría hablar con el alcaide.

—¿Para qué? –respondí.

—No lo sé, pero a él le gustaría verla.

—¿Qué te parece? –pregunté a Mairéad.

—Venga, te divertirás –me animó. La boqueras estaba horrorizada.

Scott estaba en la oficina rodeado de funcionarias superiores y funcionarias principales y, en el medio, la para entonces famosa McIlroy, que parecía estar disfrutando mucho de sus quince minutos de fama.

Quiso saber si lo que le había dicho a McIlroy era verdad. Le pregunté si creía que McIlroy era una mentirosa. Se puso colorado y me dijo que había hablado con los Bloques H y que la protesta sucia parecía haber acabado allí. Le pregunté si creía que yo era una mentirosa. Se limitó a lanzarme una mirada asesina. Después empezó a contarme que tardaría tiempo en organizarlo todo: camas, muebles, duchas, etc. Y le aconsejé que lo hiciera lo antes posible o pondría en conocimiento de los medios de comunicación que el hombre que nos había obligado a hacer la protesta sucia ahora nos forzaba a mantenerla, y le entró el pánico.

Durante las horas siguientes Armagh fue un hervidero de actividad. Los boqueras operarios empezaron a martillar y hacer ruido en el ala A para instalar las camas y el mobiliario, y las boqueras iban de un lado a otro con ropa de cama y toallas. El economato se quedó sin champú ni jabón. Fue muy divertido.

Mairéad y yo acordamos que al acabar el día me uniría a las mujeres que habían puesto fin a la protesta sucia y ella se quedaría con las que aún la mantenían. Me sentí ligeramente culpable cuando la dejé en nuestra celda sucia para darme la primera ducha en un año. Al final fue ella la que se rio la última. El agua estaba helada y no quedaba champú ni jabón. Tuve que ducharme con lavavajillas.

Aquella noche, encerrada en una celda limpia, con sábanas y mantas limpias, almohadas que olían bien y todas las bromas y risas que se oían en el ala, me pregunté cómo se sentiría Bobby.

Segunda huelga de hambre

Philip Rooney me envió un comunicado el 28 de febrero, aunque no lo recibí hasta el 3 de marzo. La víspera de ese día volvieron a permitir que nos reuniéramos y saliéramos de las celdas dos horas al día. También se me aseguró que se nos permitiría hacer ejercicio todas juntas, lo que facilitaría la comunicación entre nosotras y aliviaría la presión de entrar y enviar comunicados fuera. Philip decía:

> Bueno, Síle [...] da la impresión de que todo está listo para la huelga de hambre que empieza mañana; aunque nada parece indicarlo, todo el mundo evita deliberadamente hacer comentarios sobre la huelga de hambre [...] Creo que todos piensan que los huelguistas morirán y no es nada agradable hablar de ese tipo de cosas, por lo que nadie lo hace. No creo que sea derrotismo, sino más bien realismo, porque todos sabemos que antes de que se llegue a un acuerdo, alguien tendrá que pagar ese precio.

También sabemos lo que está en juego en términos de guerra, pero la crudeza de esta acción me impresiona. Sé que me quedaré destrozado y que a todos los hombres de la manta y mujeres les pasará lo mismo.

Bobby acabó su último libro antes de que empiece la huelga de hambre esta semana. Tardaría mucho tiempo en explicarte todo lo relacionado con ese libro... [Referencia a la extraordinaria memoria de Bobby Sands, cuando entretenía a sus compañeros contándoles novelas y episodios históricos durante horas].

Cierta persona en la celda de al lado ha estado toda la semana en la ventana diciendo que era un montón de basura occidental [...] Pero cuando acabó, volvió a subirse a la ventana, con la voz quebrada..., al borde de las lágrimas... No voy a mencionar su nombre..., pero dile a Dolores O'Neill que Tom McElwee no es el tipo duro que pretende ser, ¡es un farsante!

[...] Por cierto, Bobby me pidió que cuando te escribiera, te dijera que te quiere. Cree que te vio en los juzgados varias veces, pero, aunque no fueras tú, te quiere igualmente.

El 3 de marzo también recibí el último comunicado de Bobby. Estaba etiquetado como «personal» y decía así:

Dices que mi escritura te resulta familiar. ¿Qué tal estás, querida? No te he olvidado, ¿cómo iba a hacerlo? Quería decirte que has hecho un trabajo excelente desde que asumiste el cargo y, por si sirve de algo, siento que no haya sido más gratificante, aunque la recompensa reside en el hecho de que todavía no nos han vencido, ¡ni lo harán nunca! También he de decirte que eres muy valiente. Todas lo sois y, por lo que respecta a todos aquí, no hay nadie que mereciera más la victoria que nuestras chicas. Creía que eran historias de Bik, pero estaba equivocado –al menos contigo–, en cualquier caso, todos cometemos errores. ¿Me perdonas? ¿Todavía me quieres? ¡Ja! Mary Doyle es la que me hace sentir así. Antes era un joven tranquilo, te lo juro por Dios.

Quizá no lo sepas, pero conozco un montón de gente de Short Strand (Que Dios los ayude, dices). Philip R. está en esta ala y su hermano Gerry y yo somos buenos amigos.

La última huelga de hambre ha debido de dejarte destrozada. Siento pena por Bik y el resto de los chicos.

No puedo dejar de escribir. Imagino que soy un adicto.

Bueno, camarada, conserva ese corazón y guarda las lágrimas para los años venideros, porque como movimiento todavía no hemos sufrido nada. Ese ha sido el poeta que llevo en mí intentando manifestarse. ¡Ja! (Gracias a Dios que no lo ha hecho).

Ojalá estuvierais todas aquí para apretarme la mano, porque soy un cobarde.

Cuídate, Síle, y que Dios te bendiga. Eres una chica maravillosa.

Tu amigo y camarada, Marcella
Todo mi cariño xxx

Lloré después de leer ese comunicado. Sabía, incluso en esa fase tan temprana, que Bobby moriría. Él también lo sabía. Lo único que podíamos hacer era prepararnos para lo peor y esperar lo mejor, sabiendo, cada día que pasaba, que lo peor se acercaba inexorablemente. Pero lo que no sabía, ni yo ni nadie, ese día de marzo de 1981, era que antes de que acabara ese año diez jóvenes, la flor y nata del futuro de Irlanda, se unirían a los que habían entregado valientemente su vida. A menudo pienso si todo habría sido diferente de haber sabido desde el principio el alto precio que íbamos a pagar. Si se tiene en cuenta el calibre de todo lo que implicó, lo dudo.

Conservé la última carta de Bobby junto a otras cartas personales que recibí de Philip Rooney, Seán McVeigh y Bik McFarlane. Las sacaron una a una y se las dieron a mi hermana para que las enviara a unos amigos y las guardaran –la familia Burke–, en Chicago.

En 2001, veinte años después, me las devolvieron y volví a llorar. Volví a ser esa joven de veintitrés años en la cárcel de Armagh y reviví unos recuerdos terribles de un periodo terrible de mi vida.

Iniciamos una campaña intensiva de cartas a todo el mundo y a todas las organizaciones, partidos del Gobierno y políticos que se nos ocurrieron. A personas que pensamos que podrían tener alguna influencia en el Gobierno británico o en otras personas. Todo el mundo estaba al tanto de la huelga de hambre en los Bloques H.

El 15 de marzo, Frank Hughes, de Bellaghy, condado de Derry, un valiente e intrépido joven de veinticinco años al que habían capturado después de un enfrentamiento armado con el ejército británico, se unió a Bobby en la huelga de hambre. Después, el 22 de marzo, Raymond McCreesh, de South Armagh, y Patsy O'Hara, de Derry, miembro del Ejército Irlandés de Liberación Nacional, los dos de veinticuatro años, se unieron a Bobby y Frank en la huelga de hambre. La estrategia era alargarla, organizarla de forma que esos hombres llegaran a un punto crítico en momentos diferentes, mantener una presión continua sobre el Gobierno británico y aumentar y continuar incrementando la presión en general. Si un huelguista moría, otra persona lo sustituiría, crearía una brecha en la presión, proporcionaría un respiro a los británicos y les daría tiempo para tomar decisiones antes de que otro huelguista llegara a un punto crítico. Esa era la estrategia y se mantendría durante meses.

Por irónico que parezca, el 16 de marzo, debido a circunstancias muy tristes, la campaña cobró fuerza. Frank Maguire, diputado nacionalista independiente por Fermanagh y South Tyrone, murió de un ataque al corazón. Frank había sido un republicano irredento que, a diferencia del Sinn Féin, creía en la intervención electoral, pero que, debido a su patente republicanismo, no quería tener nada que ver con el supuestamente «nacionalista» Partido Socialdemócrata y Laborista. Había sido un ferviente defensor de las exigencias de los presos y protestó en la Cámara de los Comunes del Reino Unido contra las atrocidades que se estaban cometiendo en las prisiones. También visitó los Bloques H y Armagh, en calidad de diputado, un derecho que no ejerció ninguno de los diputados de los otros seis condados. Conocí a Frank cuando vino a Armagh y me pareció un hombre muy sincero y empático, que parecía sinceramente dolido y preocupado por las condiciones en las que nos veíamos obligadas a vivir.

Cuando Frank Maguire murió, los presos y sus electores perdieron a un buen hombre.

Elecciones parciales

Los amigos en los Bloques H nos mantenían al día sobre lo que estaba sucediendo allí, y en una carta del 27 de marzo, Seán McVeigh nos informó sobre Frank Hughes y Raymond McCreesh:

> Frank Hughes sigue en la celda del fondo de su ala, ya que había una celda libre. Está en plena forma. La noche que comenzó la *stailc* [huelga de hambre] pronunció algunas palabras para los chicos de su ala. Mencionó que cuando estaba en el hospital después de que le dispararan deseó haber hecho lo correcto, porque creía que sus días de lucha habían acabado, pero entonces recordó la batalla que se estaba librando dentro de las prisiones y decidió que daría todo lo que hubiera en él para asegurar que la victoria fuera nuestra. Esa promesa personal se está cumpliendo ahora [...]
>
> Ramey, en su discurso a los chicos, que hizo completamente en irlandés, declaró que era de South Armagh y que quienes vivían allí eran muy orgullosos y nunca se someterían a los *Sassanach* [los británicos]. Oírlos a los dos fue muy conmovedor para todos los que estábamos en el ala, antes de nos ofrecieran una descarga de sus canciones favoritas.

Espero no parecer demasiado sentimental, simplemente he creído que te gustaría saber de ellos.

El 27 de mayo el Sinn Féin anunció la candidatura de Bobby para Fermanagh y South Tyrone. Austin Currie, miembro del Partido Socialdemócrata y Laborista, que después sería representante del Fine Gael en el Parlamento de los veintiséis condados, se indignó y dijo que, si Bobby Sands se presentaba como único candidato, él se presentaría contra Bobby como candidato nacionalista. Fermanagh y South Tyrone tenían una escasa mayoría nacionalista, así que, si Currie dividía el voto, Harry West, del Partido Unionista del Úlster, podría conseguir fácilmente el escaño.

Noel Maguire, hermano de Frank, anunció que se presentaría como candidato en honor a Frank. Currie expresó su aprobación y dijo que se retiraba de la competición en favor de Noel. Currie nunca presentó su candidatura. El día del cierre de candidaturas, pocos minutos antes del plazo límite, con lo que no había tiempo para presentar otras candidaturas, Noel Maguire retiró la suya. Anunció a los medios de comunicación reunidos que no quería tener la muerte de un preso en su conciencia, habló del apoyo de Frank a los presos y sus cinco exigencias y animó a los habitantes de Fermanagh y South Tyrone a que votaran por Bobby Sands.

Austin Currie se puso pálido.

En la cárcel de Armagh y los Bloques H estábamos eufóricos. Comenzó un frenesí de cartas en las que se apelaba a todo el mundo y a todas las organizaciones del país a que votaran por Bobby.

Victoria en las elecciones

El 10 de abril esperamos con la respiración contenida los resultados de las elecciones. Todas estábamos tensas, con los nervios de punta, esperando, rezando, como si eso pudiera influir en el resultado. Finalmente oímos el anuncio: «Sands, Bobby, preso político anti Bloques H/Armagh, 34 092 votos», y un grito tremendo de una voz que reconocí como la de Danny Morrison.

Pensé que ya estaba, que no podían dejarlo morir. Era un diputado. Estábamos entusiasmadas y las boqueras totalmente deprimidas.

Durante las visitas nos informaban sobre las manifestaciones masivas de protesta. Se protestaba en todas partes: Irlanda, Gran Bretaña, Europa y EE. UU. Se llevaban a cabo acciones arriesgadas: allanamiento de oficinas de la British Airways, despliegue de pancartas en rascacielos, bloqueo de autopistas y, durante todo ese tiempo, Bobby, Frank, Raymond y Patsy se debilitaban y la esperanza empezaba a desvanecerse.

Bik y la sede del Sinn Féin me enviaban noticias actualizadas sobre el estado de los huelguistas. Los detalles de su pérdida de peso no me decían gran cosa. No podía juzgar de forma real qué aspecto tendrían, pero los otros síntomas eran los que estaban presentes en mi mente; no poder tragar agua, las náuseas continuas, los dolores de cabeza, la aversión a la luz, la piel de cordero en la que estaba tumbado Bobby para evitar las llagas, los músculos doloridos, la pérdida de visión. Tenía pesadillas.

Mairéad leía todos esos detalles también, no podía impedírselo. Tenía derecho a saberlo, pero no lo comentábamos, no podíamos. Nos limitábamos a recibir la información y mortificarnos cada una a su manera.

No podía comer. La mayoría de nosotras no podía hacerlo. Los trozos de comida se me atascaban en la garganta. Cada bocado depositaba una tonelada de culpa en mi estómago. Al final de mi condena pesaba poco más de cuarenta y cuatro kilos y parecía que había hecho una huelga de hambre.

Estaba enfadada y frustrada. Enviar cartas no me ayudaba en absoluto, pero no podíamos hacer otra cosa. Solo podíamos quedarnos en las celdas y pensar continuamente en lo que estaba sucediendo en los Bloques H.

La segunda tanda de huelguistas se preparaba para reemplazar a los cuatro primeros. El tiempo transcurría rápidamente. Las horas se convertían en minutos y los minutos ni existían.

Una delegación de parlamentarios de los veintiséis condados –Neil Blaney, Síle de Valera y el doctor John O'Connell– fueron a ver a Bobby. Dijeron que harían todo lo posible para presionar al Gobierno irlandés. No dio ningún resultado (aunque posteriormente Síle de Valera animó al electorado del sur para que votara por los candidatos de los Bloques H/Armagh en las elecciones generales de junio de 1981).

Un ministro británico, Don Concannon, visitó a Bobby para decirle que iba a morir. ¿Pensaba que Bobby no lo sabía?

El secretario del nuncio apostólico fue a ver a Bobby. Tampoco sirvió de nada. La presión era tan intensa que llegó al punto de explosión. Pero solo en mi cabeza, no en la de los británicos.

El 22 de abril recibí una carta de Philip Rooney en la que me expresaba los mismos miedos que sentía yo:

> Bueno, Síle [...] para todos los que estamos aquí, la situación de Bobby es tan mala como esperábamos. Creemos que para salvar su vida habrá que hacer algo drástico [...] Imagino que al final conseguiremos que se cumplan nuestras exigencias, pero la gran pregunta es: ¿a qué precio? Esos cuatro compañeros en huelga de hambre son el equipo más leal que haya protestado jamás en los bloques.

Frank Hughes está loco; se puso a jurar y maldecir hasta que los boqueras lo llevaron al hospital. Según todos los informes que he recibido, Bobby está tan resuelto y decidido como siempre, sabe lo que quiere y no lo disuadirán. Considero que es un privilegio conocer personas como él y me he dado cuenta de que hay un buen puñado de personas parecidas en esta protesta [...]

Por cierto, antes de empezar, Bobby habló conmigo en la puerta, elogió especialmente a las chicas de Armagh y me dijo que su actitud, unidad y espíritu de resistencia no tenía precedentes en la historia de nuestro país. Teniendo en cuenta la persona que pronunció esas palabras, es todo un elogio.

El 5 de mayo, a las 13:30, la terrible espera se convirtió en realidad. Nuestro amigo y camarada Bobby Sands murió. Por mucho que habíamos intentado prepararnos, ninguna podíamos creerlo. Incluso las boqueras parecían hundidas. Toda el ala, la cárcel al completo, estaba en silencio. Nos sentamos en las celdas e intentamos asimilar la enormidad de lo que había sucedido.

Bobby había muerto.

Un joven en la flor de la vida: ese hombre, escritor, poeta, cantante, ingenioso, inteligente, afectuoso, ocurrente, bromista, valiente y decidido, había muerto. Y el dolor por su pérdida fue físico. Pero para alguna de nosotras no había tiempo para pensar en ello. Dentro de los confines de la cárcel de Armagh había mujeres dispuestas a arrancar la cabeza de la primera boqueras que las mirara mal; hablaban en susurros de destrozar las celdas, pegar fuego a los muebles, y otras estaban tan afectadas y apenadas que podrían haberse abandonado a la depresión. Mairéad y yo organizamos una reunión a la hora de comer en la celda común. Se suponía que debíamos estar encerradas en las nuestras, pero se respiraba un ambiente tan tenso que las boqueras no protestaron.

En aquella reunión se manifestó toda la gama de emociones: odio, frustración, pena y pérdida; algunas mujeres lloraron, otras dieron puñetazos en las paredes, algunas nos gritaron a Mairéad y a mí o se gritaron entre ellas. Dejamos que se desahogaran. Permitimos que expresaran su opinión, y después, con delicadeza y racionalmente, las reencaminamos para que volvieran a ser republicanas disciplinadas, listas para la siguiente batalla. Hablamos de la determinación de Bobby por llevar la lucha hasta el final; de su sacrificio desinteresado y su valor frente a una muerte tan desgarradora. Y les recordamos a todas que había otros tres hombres que se enfrentarían al mismo destino en cuestión de días; que teníamos que ser fuertes por ellos; que no podíamos permitir que las boqueras y el resto de la cárcel viera que nos desmoronábamos; que debíamos ser más fuertes que nunca; que los huelguistas nos darían fuerzas y tendríamos valor para seguir adelante.

Nos lamentamos juntas por la pérdida de un buen amigo y un camarada valiente y, juntas, nos preparamos para lo que se avecinaba.

Aquella noche, encerradas en la celda, Mairéad y yo no hablamos, no diseñamos una estrategia para los próximos días. Solo hubo lágrimas y tristeza por lo que todas habíamos perdido.

Nuestras vidas no volverían a ser las mismas.

Bik

Una semana más tarde recibí una carta personal de Brendan «Bik» McFarlane, oficial al mando en los Bloques H:

> Lunes 11 de mayo de 1981.
>
> Camarada, disculpa la tardanza en contestar tu último comunicado. El impactante efecto de la muerte de Bobby dio paso a episodios de depresión, que se agravaron por un pro-

fundo pesar ante la trágica pérdida de un patriota y camarada verdadero, y un amigo muy querido [...]

¿Quién entiende el valor supremo? Ese valor tiene una profundidad desconocida para los que estamos a años luz de las cualidades inherentes a los Bobby Sands de este mundo. Pertenecen a una raza extraordinaria y valiosa, y doy gracias a Dios porque existan [...]

Dime, Síle, ¿cómo podemos perder, quién tiene poder para someter ese espíritu? Nadie. Nadie lo ha hecho nunca, si no, hoy no habría luz.

El 9 de mayo Joe McDonnell, de Andersonstown, se declaró en huelga de hambre para reemplazar a Bobby. Mairéad lo conocía bien. Me dijo que era terriblemente socarrón, un tipo grande, alegre y despreocupado que tenía mujer y dos hijos pequeños.

Todavía estábamos recuperándonos de la muerte de Bobby cuando nos enteramos de la de Frank el 12 de mayo. Ann Bateson y Dolores O'Neill lo conocían personalmente como camarada. Había sido famoso en Derry, un icono republicano que no tenía miedo a nada. Los republicanos lo admiraban y en Armagh, como en todas partes fuera de sus lúgubres muros grises, su muerte nos dejó destrozadas.

Brendan McLaughlin, de Newry, reemplazó a Frank. Eileen lo conocía y dijo que era una persona reservada.

Más muertes

Nadie podría haber previsto lo que pasaría después.

Raymond McCreesh y Patsy O'Hara, que habían empezado la huelga el mismo día, murieron con pocas horas de diferencia el uno del otro, el 21 de mayo. Tres muertes en dos semanas y dos de ellas el mismo día.

Era una pesadilla.

Lorraine Halpenny conocía a Raymond y a parte de su familia.

Eileen Morgan había estado escribiendo a Raymond, que había sido compañero de celda de Seán McVeigh, amigo mío.

Todas estábamos emocionalmente deshechas. En la cárcel reinaba un silencio nada natural y todo lo que hacíamos parecía impregnado de un tinte irreal. Lo que se entendía por vida «normal» en nuestras circunstancias anormales transcurría como en un sueño. Las noticias de disturbios, protestas y funerales flotaban sobre nuestras cabezas. No se veía señal alguna de que los británicos fueran a tomar una decisión; ni de que la pesadilla fuera a acabar.

Kieran y Kevin

El 22 de mayo Kieran Doherty se unió a la huelga de hambre. Era alguien muy cercano a Mairéad. En la pared de la celda había fotografías, que había enviado su madre, del «gran Doc» y John «Pickles» Pickering frente a un remolque un día de verano hacía un par de años. Tenían una cerveza en la mano, se reían, y Mairéad hablaba de ellos como si fueran buenos amigos. Los dos habían acabado en los Bloques H y a otro amigo, Seán McDermott, la RUC lo mató de un disparo delante de Mairéad en la misma operación en la que la habían arrestado. Doc se quedó destrozado por la muerte de Seán, y Mairéad también.

En ese momento se enfrentaba a la perspectiva de perder a otro amigo.

El 23 de mayo, Kevin Lynch, de Dungiven, condado de Derry, reemplazó a Patsy O'Hara. Ninguna lo conocíamos personalmente, pero en poco tiempo llegaría a significar tanto para nosotras como un miembro de nuestra familia.

Pelotas de goma

En las calles se atacaba a los que apoyaban a los presos: familias, amigos y vecinos. Entre marzo y octubre de 1981 el ejército británico disparó 29 512 pelotas de goma. Solo durante el mes de mayo, 16 656. Murieron siete personas inocentes, tres de ellas, niños.

En la mayoría de los casos el ejército británico y la RUC declararon que las muertes y las heridas se habían producido durante los disturbios.

Mintieron.

Mataron a dos niñas, Julie Livingston, de catorce años, y Carol Ann Kelly, de solo doce, cuando volvían a casa. Paul Whitters, de quince años, estaba solo cuando recibió el impacto de una pelota de goma en la cabeza que había disparado un miembro de la RUC. Henry Duffy, un viudo de cuarenta y cinco años con siete hijos, iba a casa después de haber salido una noche. Nora McCabe, madre de tres niños pequeños a los treinta años, había ido a una tienda cercana a comprar cigarrillos.

Dos hombres murieron en casa: Peter Doherty, de cuarenta años, estaba en la cocina de la planta baja cuando le alcanzó una pelota de goma disparada a través de una ventana por un soldado británico; y a Peter McGinnis, de cuarenta y un años, le dispararon cuando estaba en el jardín de delante de su casa.

Cegaron a algunas personas: tres personas perdieron un ojo. A otras les fracturaron el cráneo y a cientos más les partieron algún miembro o sufrieron heridas internas.

Formaba parte del intento por parte del Gobierno británico de sacar de las calles a los partidarios de los presos, con una política de brutalidad, violencia e intimidación. Se golpeaba con porras a los manifestantes pacíficos, los Land Rover conducían a toda velocidad a través de los manifestantes. A cientos de ellos los detuvieron y acusaron de causar disturbios.

Pero todo eso no consiguió frenar la protesta.

Martin Hurson y Thomas McElwee

Se organizaron protestas masivas en todo el mundo: concentraciones, manifestaciones, disturbios y muertes. Nosotras estábamos en una burbuja. Todo sucedía fuera de los límites de nuestra realidad. «Fuera» había un mundo completamente distinto. Las visitas nos contaban historias de las manifestaciones en las que habían participado, las cartas que habían escrito, los funerales a los que habían acudido. Nos hablaban de lo ocupados que estaban yendo de un piquete a otro. Se desgastaban en un intento por mantener vivos a los huelguistas y apoyar a las familias de los que habían muerto. Y nosotras procurábamos asimilarlo todo. Intentábamos calibrar desesperadamente lo que estaba sucediendo en la otra realidad.

Ese «algún sitio» era mucho mayor que el ala A y el patio de ejercicio de la cárcel de Armagh.

Brendan McLaughlin enfermó. Fue una afección que no tenía nada que ver con el ayuno, algo que no estaba previsto, un dilema. Brendan podía morir, pero su muerte no se atribuiría a la huelga de hambre. Si lo medicaban, el tratamiento implicaría una violación de la huelga de hambre. Solo cabía una solución, que Brendan pusiera fin al ayuno. El 27 de mayo, al cabo de dos semanas, Brendan abandonó la huelga de hambre. Martin Hurson lo reemplazó el 29 de mayo.

Ninguna de nosotras lo conocía personalmente, pero a finales de 1981 me presentaron y llegué a conocer bien a parte de su familia. En junio hubo un respiro en las muertes de huelguistas, pero la presión no disminuyó.

El 8 de junio Tom McElwee comenzó su huelga de hambre y, a pesar de que lo sabíamos, nos quedamos hechas polvo. Aunque nadie lo sintió más que Dolores O'Neill, que se enfrentaba a la posibilidad de que su novio muriera. No podíamos hacer otra cosa que acompañarla y apoyarla.

Elecciones generales

Fuera de Armagh sucedían muchas cosas, incluidas las elecciones a Leinster House, el Parlamento de los veintiséis condados. Se convocaron para el 11 de junio. El Sinn Féin y el Comité Nacional Bloques H/Armagh decidieron que era una oportunidad para presionar al Gobierno irlandés sobre la cuestión de las prisiones, conseguir apoyo para los presos y demostrar que era un movimiento generalizado. Anunciaron que nueve presos, incluidos cuatro huelguistas –Joe McDonnell, Kieran Doherty, Kevin Lynch y Martin Hurson– se presentarían como candidatos y que Mairéad Farrell, en la cárcel de Armagh, sería una de las candidatas en Cork.

Comenzamos una campaña frenética de cartas dirigidas a los votantes de los veintiséis condados. Escribimos a todos y cada uno de ellos para suplicarles su apoyo y explicarles nuestra causa, esperando contra toda esperanza ver alguna luz al final del túnel. Recibíamos informes de la campaña electoral, predicciones de buenos resultados y estimaciones sobe la posibilidad de conseguir un escaño. Esperamos que los pronósticos fueran acertados y depositamos toda nuestra fe en nuestros y nuestras compatriotas.

Sin duda, si personas al otro lado del mundo pensaban que nuestra causa era justa, la nación irlandesa no podía abandonarnos.

Y no lo hizo. Para gran sorpresa y horror de los partidos políticos, el huelguista Kieran Doherty resultó elegido como diputado por Cavan-Monahan y el hombre de la manta Paddy Agnew lideró la votación y fue elegido diputado por Louth. El resto de presos también obtuvieron buenos resultados, al igual que Mairéad. Las mujeres en la cárcel de Armagh, a las que representaba, estábamos entusiasmadas por el apoyo que había recibido.

A partir de ese momento el Gobierno irlandés se enfrentaba a que uno de sus diputados muriera en una huelga de hambre debido a la intransigencia del Gobierno británico, sus políticas y su ocupación de una parte soberana de Irlanda. La responsabilidad de presionar a Thatcher recayó en Dublín. Pero el Gobierno entrante de Fine Gael, liderado por Garret Fitzgerald, no se mostró a favor de los republicanos irlandeses y recibimos muy poca ayuda por ese lado. Solo podíamos esperar que la presión de las bases del electorado lo apremiara.

El 15 de junio Paddy Quinn comenzó su huelga de hambre. Paddy era compañero de celda de mi amigo Philip Rooney y de Eileen Morgan, con la que había compartido celda. Muchas vidas entrelazadas. Eso habría bastado para volver loca a la gente normal y corriente, pero en esa fase creo que todos en Armagh y Kesh estábamos muy muy lejos de ser normales.

Recibí una carta de Philip Rooney fechada el 20 de junio:

Bueno, Síle. Debes de pensar que me he puesto el uniforme carcelario o algo parecido [...] pero la verdad es que si se tiene en cuenta el ánimo en el que he estado, tienes suerte de no haber recibido cartas [...] Te escribí una el mes pasado, pero después de acabarla, la rompí, era el texto más morboso y deprimente que puedas imaginar [...]

Parece que vamos hacia otro, y probablemente el último, punto crítico, todavía no se sabe qué pasará, pero de momento, aquí parece que el grupo de presión «detener la huelga de hambre» está cobrando impulso y cuando le toque a Joe, el gran Doc y Kevin Lynch será cuando se libre la batalla. Sé que esas supuestas «nuevas iniciativas» están vacías, pero son engañosas y desalentadoras. En las próximas semanas se pondrá a prueba el propósito y las intenciones de los británicos.

Sacaron a Paddy de la celda el día que empezó la huelga de hambre, está en la de al lado, en la celda del fondo, solo. El gran Tom McElwee está enfrente, también solo, y sacaron del ala a Kevin Lynch para llevarlo al hospital, junto al gran Doc. Para ese tipo de cosas es mejor estar solo, al fin y al cabo, una huelga de hambre es una batalla individual y es mejor que te dejen luchar sin otras personas presentes.

El padre Denis Faul

Fuera de las cárceles, las familias de los huelguistas soportaban una presión tremenda. Por si fuera poco enfrentarse al horror de ver consumirse a sus hijos y hermanos y afrontar su muerte, sufrían una presión añadida, una que nadie esperaba y era absolutamente vergonzosa.

El padre Denis Paul, capellán en Long Kesh y coautor junto al padre Raymond Murray de una serie de libros y panfletos sobre los asesinatos y abusos de los británicos en Irlanda, asumió la tarea de intensificar la angustia de los familiares de los huelguistas.

Empezó a visitar a las familias y a decirles que creía que el Consejo del Ejército del IRA había «ordenado» a esos hombres que iniciaran la huelga de hambre y que, por lo tanto, ese consejo podía ordenar que finalizara. Les aseguró que creía que el IRA había manipulado a los presos y las protestas.

Otro capellán de Long Kesh, el padre Crilly, miembro de la Comisión Irlandesa por la Justicia y la Paz, también sembraba la confusión entre los familiares al declarar que tenía información de que los británicos introducirían concesiones en la reducción de condena, el uso de ropa propia, etc., en cuanto se dejara de presionar al Gobierno británico con la huelga de hambre. Pero, por mucho que insistiera en que tenía garantías, nunca mostró nada sobre papel.

El argumento de Faul no tenía fundamento. Bastaba con que la gente fuera consciente de la situación en la cárcel de Armagh, en la que no se llevaba a cabo ninguna huelga de hambre, para echar por tierra la quimera de que se había «ordenado» a los presos hacer la huelga de hambre. Pero resulta muy fácil conducir a las personas desesperadas hacia la dirección errónea y Faul sembraba la disidencia entre las familias.

Algunas sabían que sus hijos y hermanos habían tomado una decisión y por qué lo habían hecho, y esas familias los apoyaban incondicionalmente. Otras estaban tan dolidas y desesperadas por conservar a sus seres queridos que habrían creído todo lo que les dijera el padre Faul.

Finalmente, en un intento por poner fin a las tácticas del padre Faul, la familia de Kieran Doherty redactó un manifiesto en el que instaba al padre Faul a dejar de coaccionar a los presos y sus familias y, en vez de ello, utilizar su influencia para ejercer presión sobre quien era necesario, el Gobierno británico.

Peaje

La situación nos estaba pasando factura. No solo por toda la presión que soportaban las familias, sino también por el peaje que pagaba el padre Murray. La huelga de hambre era una carga muy pesada para él. Empatizaba con los presos, sobre todo con las mujeres de Armagh, y estaba claro que sufría tremendamente, tanto como nosotros y nosotras. Pero la actitud de Faul descorazonaba al padre Murray. Había trabajado con él durante muchos años y le profesaba cierta lealtad, pero también era evidente que su mayor preocupación éramos nosotros, los presos, con los que se solidarizaba plenamente. Estaba destrozado y, por equivocación, en cierto sentido se le hacía responsable de las actividades de Faul.

Pero, por mucho que le amonestáramos por la postura de Faul, la del obispo católico irlandés o la de la Iglesia católica, seguía viniendo, nos traía cigarrillos y dulces, y toda la información que recababa en sus viajes.

La otra fuente de información –nuestras familias y amigos– se esforzaba por ofrecer algo a lo que pudiéramos aferrarnos. Enumeraban todo en lo que estaban implicados. Se dejaban la piel en las protestas y concentraciones; ocupaban edificios y hacían piquetes; nos contaban los disturbios y las muertes debidas a pelotas de goma; los ataques a miembros del Comité Nacional Bloques H/Armagh y los asesinatos de católicos y nacionalistas a manos de los lealistas.

Y allí estábamos nosotras, encerradas entre los muros grises de Armagh, muy lejos de todo eso, enfadadas y frustradas. Discutíamos con las compañeras y nos peleábamos con las boqueras.

En ocasiones me sentía invadida por una rabia tan atroz que tenía que apretar los dientes para no gritar.

Otras veces veía a mujeres tan crispadas por la ira y la frustración que su único desahogo eran las lágrimas. Parecíamos animales peligrosos enjaulados y no era de extrañar que las boqueras mantuvieran la distancia.

Muerte de Joe McDonnell – Esperanza frustrada

Tras la muerte de los cuatro primeros huelguistas en mayo, hubo un intervalo en el que el estado de los hombres que los habían reemplazado no era grave. Aquello nos permitió un ligero respiro para intentar negociar un acuerdo con el Gobierno británico.

El 4 de julio los presos emitieron un manifiesto en el que insistían en que las cinco exigencias podrían concederse sin que los británicos quedaran en entredicho o se apartaran de sus principios. Pero el Gobierno británico se negó a responder de la misma manera.

Estaba decidido a no negociar con los republicanos y en ese momento intervino la Comisión Irlandesa por la Justicia y la Paz, un grupo de sacerdotes y seglares convencido de que podrían actuar como «mediadores».

La comisión mantuvo reuniones con los británicos y visitó a los huelguistas. Pero su intervención no mejoró la situación y solo sirvió para frustrar más los intentos de los republicanos por encontrar una solución. Al final, el Gobierno británico utilizó la comisión como una herramienta más contra los huelguistas y su participación dio a entender que los británicos intentaban encontrar una solución, cuando en realidad se mostraban más intransigentes que nunca.

Todos los esfuerzos de la comisión se vinieron abajo. El 8 de julio la muerte de Joe McDonnell puso fin a ese interludio y a cualquier posibilidad de que los británicos lo hubieran aprovechado para mostrarse flexibles o negociar.

En vez de ello, dio la impresión de que los británicos habían decidido elevar la apuesta y el 10 de julio el ejército británico irrumpió en el funeral de Joe para capturar al pelotón del IRA que había disparado las salvas. Aterrorizó a miles de personas que habían acudido y cientos de ellos se vieron atrapados en el ataque con pelotas de goma y fuego real. Paddy Adams, hermano del dirigente del Sinn Féin Gerry Adams, recibió disparos con munición real en la espalda y docenas de asistentes resultaron heridos por pelotas de goma. Con el tiempo, se declaró culpable a Paddy de formar parte del pelotón que honró a Joe McDonnell y fue encarcelado.

Todas nos preocupamos. Sabíamos que al menos una persona de nuestras familias estaría en ese funeral. Yo también me inquieté por una amiga, Pat Burke, nacida en Chicago y de dieciocho años, que iba a Belfast por primera vez sin compañía.

A los pocos días, en una visita y todavía conmocionada, me contó que la multitud que corría la había arrastrado hacia las calles de detrás de la iglesia de St. Agnes, donde, perdida, confusa y desorientada, había presenciado el altercado, los disparos, el pánico y los heridos que hasta ese momento solo había visto en la televisión, cómodamente en su casa en Chicago, a miles de kilómetros de la vida real en Irlanda del Norte.

Recuerdo su sincera preocupación y tristeza cuando me dijo que había perdido la corona que le habían pedido que portara, un honor concedido a una joven llegada desde Estados Unidos, y el pánico y la confusión en los que la había extraviado.

Me contuve y no le dije que podía haber perdido la vida, dejé que lo hiciera su angustiada madre, a miles de kilómetros de distancia.

El día del ataque al funeral de Joe, Pat «Beag» McKeown se declaró en huelga de hambre.

El 13 de julio Martin Hurson murió repentinamente, al cabo de tan solo cuarenta y tres días de huelga, y desde las celdas oímos cómo una turba de lealistas tocaba tambores para celebrar la muerte de un valiente soldado irlandés que tenía más valor en una sola célula de su cuerpo que todos los participantes en esa concentración sectaria plagada de odio.

El 15 de julio Matt Devlin, de Tyrone, se negó a comer.

Regreso a otro mundo

A mediados de julio dimití como oficial al mando.

Me iban a excarcelar a comienzos de agosto, una vez cumplida la condena de cinco años. Mairéad se negó a aceptar el puesto hasta recibir confirmación por escrito del exterior de que la habían reelegido, por lo que tuve que mantenerme en el cargo más de lo que esperaba.

Estaba destrozada, dolida y agotada. Saldría el 5 de agosto y, una vez que dejé de ser la oficial al mando, empecé a darme cuenta de que estaría fuera enseguida. También fui consciente de que dejaría atrás a buenas amigas y algunas de las mejores y más valientes camaradas que había tenido nunca. No tuve tiempo para meditarlo, no podía entusiasmarme o esperar con impaciencia que me excarcelaran. Tenía muchas otras cosas en la cabeza.

El 22 de julio Mickey Devine se declaró en huelga de hambre, seguido poco después, el 27, por Laurence McKeown.

Ya había informado a Bik McFarlane, oficial al mando en los Bloques H, que me liberarían el 5 de agosto, y recibí una carta suya el 23 de julio:

Querida Síle:

Me han entregado tu comunicado hoy y, la verdad sea dicha, me has dejado hundido [...] No tenía ni idea de que te excarcelarían tan pronto [...]

En cuanto a que haya sido una fuente constante de fuerza... Toda fuerza que haya salido alguna vez de este sitio ha sido de hombres como Bobby Sands y el resto de hombres valientes que han demostrado al mundo que los corazones irlandeses son más fuertes que el acero británico. Su fuerza y su determinación son las que surgen como una avalancha y a las personas como yo simplemente nos arrastra la oleada [...]

Si sentiste llegar alguna fuerza, fue de alguien más que mortal, fue del espíritu eterno de los que respiraron su último aliento en este maldito cementerio. Esa fuerza les perteneció en vida y será eternamente suya en su muerte [...]

Los últimos meses hemos sufrido un verdadero infierno y, sobre todo, las familias de los jóvenes que murieron y de los que siguen en huelga de hambre. Escribí seis cartas breves de pésame y lloré en todas [...]

La admiración que sentimos por vosotras es extraordinaria [...] En ningún sitio existe un valor, una determinación y un ejemplo que pueda igualarse al de las camaradas de Armagh. Habéis sido una fuente de inspiración durante los cinco años de protesta torturadora. Os felicito a todas y cada una de vosotras [...]

Entiendo mejor que nadie el peso que has soportado a tus espaldas y el dolor que has sufrido. Un buen amigo me dijo que ser oficial al mando es un cometido muy solitario. No me di cuenta de la razón que tenía hasta que acepté el cargo [...] Es una tragedia que no hayamos conseguido un acuerdo todavía. Yo también creo que todo acabará en esta etapa. Parece que el precio será muy elevado. Pero, al final, los aplastaremos.

Intervención

El 31 de julio, en una decisión inesperada, la familia de Paddy Quinn firmó un documento en el que solicitaba una intervención médica para Paddy, que había entrado en coma en un momento crítico de la huelga de hambre.

Para nosotros fue como una descarga eléctrica. La huelga de hambre de Paddy había alcanzado el punto de presión y, de repente, esa presión había desaparecido. La estrategia de Faul finalmente había dado frutos.

Kevin Lynch murió el 1 de agosto y después, el 2 de agosto, Kieran Doherty. Dos muertes en dos días y una de ellas de un amigo íntimo de Mairéad. Decir que se afligió sería minimizar el dolor que experimentó.

Tom McElwee se encontraba en estado crítico. Habían llevado a Dolores a verlo al hospital de los Bloques H y, a pesar de que estaba muy mal, puso buena cara al salir, aunque tuviera el corazón deshecho.

Excarcelación

Liam McCloskey reemplazó a Kevin Lynch el 3 de agosto.

Fue el día en el que repartí mis escasas pertenencias entre las mujeres del ala. Me iba «fuera» y podía sustituirlas cuando quisiera, pero ese pensamiento no me alegró.

El martes cuatro de agosto, Mairéad y yo compartimos celda por última vez. Estuvimos hablando hasta bien avanzada la noche y me dio instrucciones de a quién ver y qué mensajes darles, hasta que finalmente se quedó dormida y me dejó completamente despierta, mirando el techo arqueado y preguntándome qué me depararía el día siguiente.

Toda el ala vino a despedirme. Fue duro de encajar. Nunca había imaginado, cuando las bromas y tomaduras de pelo se hacían a las que habían salido antes que yo, que costara tanto darse la vuelta e irse. Siempre había pensado que sería fácil, pero habíamos pasado por muchas cosas en ese corto periodo de tiempo y quería llevármelas todas conmigo.

Mairéad me acompañó a la puerta.

Nos dimos un corto abrazo y me fui.

No podía mirarla a la cara.

No podíamos mostrar ningún tipo de emoción delante de las boqueras. Nunca bajábamos la guardia.

Sentí la mirada del resto de mujeres y supe que estarían alineadas en el ala viendo cómo salía por la puerta. Pero no pude mirar atrás, no pude darme la vuelta para saludarlas por última vez.

En esa ala había fantasmas y no quería verlos.

Oí que se cerraban las puertas, giraban la llave y seguí adelante.

Tom murió tres días más tarde y Mickey doce días después.

Los fantasmas de esos diez jóvenes y el de mi amiga y camarada Mairéad siguen a mi lado.

EPÍLOGO

EMPECÉ A ESCRIBIR ESTE LIBRO el verano de 2006, lo acabé a principios de 2007 y solo se lo enseñé a dos personas.

Desde entonces se ha añadido alguna cosa y se han quitado otras, pero en su mayoría son las palabras que fluyeron de mis recuerdos.

No sé qué me incitó a escribir estas memorias. Quizá fue alguien que dijo que nunca había oído la historia de las presas que protestaron en la cárcel de Armagh, pero no empecé a redactarlas pensando que se imprimirían. Era «mi» historia, mi viaje personal, mis recuerdos.

Y seguí esperando y pensando que finalmente «alguien» contaría la historia de las presas que protestaron en la cárcel de Armagh, pero que ese «alguien» no sería yo.

Siempre me ha sorprendido que hubiera tanta gente que no supiera que tres mujeres se declararon en huelga de hambre en 1980 o que mantuvimos una protesta sucia durante un año. Y también me sorprende la admiración que demuestran algunas personas cuando nos oyen hablar de esos tiempos.

Para nosotras, simplemente estábamos allí, hicimos lo que teníamos que hacer y creímos que cualquiera que se hubiera encontrado en esa situación habría hecho lo mismo.

Nuca olvidaré el tiempo que pasé en Armagh o a las jóvenes encarceladas conmigo que soportaron todo lo que la cárcel les echó encima, que se mantuvieron firmes y decididas, y respondieron luchando. Su fuerza y su solidaridad, su sentido del humor, sus risas y su pena y camaradería contribuyeron a hacer de nosotras lo que somos ahora. Y siempre me siento muy orgullosa de haber estado con aquellas jóvenes, de haber compartido esa experiencia, de haberme fortalecido con su camaradería y haberme dejado abrazar por su amistad.

Síle Darragh
Belfast, agosto de 2011

EPÍLOGO

Mairéad Farrell

NACÍ EN 1990, DESPUÉS DE MUCHOS de los sucesos que se relatan en este libro. A pesar de que era una niña que creció en el sur durante el conflicto en el Norte, hay sucesos concretos que sigo recordando. Me acuerdo perfectamente de la muerte de los tres hermanos Quinn en 1998, ver en televisión el funeral de Rosemary Nelson en 1999 y visitar a Bobby Storey cuando estaba en Long Kesh en la década de los noventa.

Como republicana, siempre he tenido un profundo interés en saber más sobre la realidad de aquellos tiempos y los que la vivieron, los que se alzaron contra la desigualdad y lucharon contra la opresión para conseguir la república. La importancia de documentar esa realidad diaria, y en especial el papel y las experiencias de las mujeres para asegurar que no se olviden, no debe minimizarse. Solo por esa razón, este libro es una contribución inestimable para comprender exhaustiva e inclusivamente el conflicto. Que esta contribución provenga de la pluma de Síle Darragh, una mujer republicana que creció en una comunidad oprimida por el Estado orangista, que estuvo encarcelada en esos tiempos y que experimentó lo que es soportar y resistir el colonialismo británico, es una aportación decisiva. Se trata de un relato escrito, no por una intelectual, sino por una persona que vivió esa realidad. La narrativa histórica del conflicto perpetuada por el sistema, tanto en Gran Bretaña como en Irlanda, a menudo utiliza un lenguaje para describir el conflicto, deliberadamente o no, que carece del elemento humano. La dimensión humana en estas memorias da vida, sobre todo, a esas mujeres que murieron desde entonces, y las muestra como jóvenes normales y corrientes que compartían la misma alegría, los mismos intereses y muchas de las mismas preocupaciones que otras mujeres de mi edad y yo hemos tenido. Y todo ello a pesar de que vivieron unos tiempos extraordinarios, unos contextos y situaciones que son absolutamente inimaginables para las que no los experimentamos. A menudo pienso, y de hecho he preguntado a personas que estuvieron encarceladas durante mucho tiempo, cómo sobrellevaron el tiempo que pasaron en la cárcel. La respuesta es inevitablemente la misma: era una vida normal. Este libro expone de forma humana y cotidiana cómo soportaron esas mujeres esos tiempos extraordinarios, con un humor y una humanidad que rezuma en todas sus páginas.

Para mí y otras jóvenes, recordar lo que sucedió en ese periodo de nuestra historia y darnos cuenta de todo lo que soportó nuestro pueblo puede llegar a ser abrumador. Por supuesto, al rememorarlo, se ve la totalidad de lo que sobrellevó. Los que lo vivieron, tuvieron que enfrentarse a esa situación a diario, un día tras otro. Para mí, lo más destacable es que a pesar de que eran mujeres normales y corrientes, parecidas a muchas de mis amigas y camaradas hoy en día, poseían una fuerza y resistencia excepcionales. Había algo extraordinario en todas y cada una de ellas.

El abolicionista y antiguo esclavo Frederick Douglass dijo que «el poder no concede nada si no se le exige;

nunca lo ha hecho y nunca lo hará». Este libro cuenta la historia de algunas de esas mujeres que exigieron el fin de la desigualdad, de la opresión y del imperialismo británico en Irlanda. No cabe duda de que su contribución, tanto dentro como fuera de los confines de la cárcel, nos condujo donde nos encontramos en la actualidad. Somos mucho mejores gracias a su existencia.

Mairéad Farrell,
diputada del Sinn Féin por West Galway y
South Mayo

Fila de atrás: Mairéad Farrell y Síle Darragh. Primera fila: Eileen Morgan y Sinéad Moore. Fondo: Patricia Craig.

Margaret Nugent, Éilís O'Connor y Peggy Friel.

MÁS QUE HERMANAS

Crónica especial: 1981 en historia y música

3 de octubre de 2021

MAIRÉAD FARRELL, DIPUTADA DEL SINN FÉIN por West Galway y South Mayo, conversa con cuatro antiguas presas de la cárcel de Armagh: Síle Darragh (agosto de 1976-agosto de 1981), Anne-Marie Quinn, Sinéad Moore (febrero de 1977-agosto de 1984) y Mary Doyle (1974-1977, 1977-1983).

Mairéad: ¿Cuál fue el trasfondo de que acabarais en la cárcel de Armagh?

Síle: Había sido republicana activa desde los dieciséis años, lo que seguramente era el caso entre muchos de los que formaban parte del Movimiento Republicano en aquellos tiempos. Normalmente uno no se levanta un día y decide involucrarse en una lucha. Las circunstancias nos forzaron. No pedimos una guerra, vino a nosotros, llegó hasta nuestra puerta. En zonas como la mía había mucho sectarismo contra las comunidades nacionalistas y el IRA surgió de una organización de defensa que protegía esas pequeñas comunidades.

Es difícil de explicar a alguien que no haya estado nunca en la cárcel, porque se entra en un entorno dominado por funcionarias de prisiones. Has de bañarte, como si fueras una piojosa, y te vigilan mientras lo haces. Para una joven de dieciocho años que nunca había estado en una situación semejante y que procedía de hogares como los nuestros, en los que no nos desnudaríamos delante de una hermana en el dormitorio, es desconcertante.

Sinéad: Cuando se entra en la cárcel de Armagh no se tiene ni idea de lo que se va a encontrar; es muy antigua, arcaica... La primera noche estaba deseando entrar y que se cerraran las puertas, para instalarme y procesarlo todo.

Síle: Estábamos en una situación pésima, horrible, odiosa. La única opción era mantener la dignidad o ir a los talleres de trabajo. No íbamos a ser números de ninguna forma. Éramos republicanas. De no haber sido por la situación política que reinaba en los seis condados, ninguna de nosotras habría entrado en una cárcel.

Mairéad: ¿Cuál fue el contexto en el que se produjo la primera huelga de hambre?

Síle: Fue un tema que se debatió durante mucho tiempo. No se materializó sin más ni más. Había quienes sirvieron su sentencia íntegramente durante la protesta, sin ningún tipo de reducción de condena, en condiciones horrendas en los Bloques H y Armagh. Como una amiga nuestra que murió hace dos meses; Shirley Devlin solo tenía diecisiete años cuando entró en Armagh. Fue la primera mujer excarcelada durante la protesta sucia. Le dijeron que se bañara antes de salir, pero no lo hizo, porque quería que la gente viera las condiciones en las que vivíamos. Estuvo encarcelada tres años. Solo tenía veinte cuando salió.

Anne-Marie: Maureen Gibson y Eileen McConville abandonaron la protesta sucia.

Síle: Rose McAllister tenía cuarenta años, un hijo de diecinueve, otro de quince, un tercero de doce años y otro más de dos meses cuando la sentenciaron a dos años de cárcel y se unió directamente a la protesta. Su hijo más pequeño tenía casi dos años y medio cuando salió.

Mairéad: ¿Por qué decidisteis hacer la huelga de hambre?

Mary: Obviamente, no fue algo tomado a la ligera. No podía pensar solo en mí misma. Tenía que pensar en mi familia. Mi padre no gozaba de buena salud. La UVF asesinó a mi madre cuando estuve en la cárcel por primera vez en 1975. Mi padre estaba solo y tenía dos hermanos más pequeños, así que estaba obligada a tenerlo todo en cuenta.

El día que se anunció, el 1 de diciembre, nos negamos a desayunar y se envió un manifiesto a la prensa. Pero el Movimiento Republicano no quería una huelga, por lo que los hombres tuvieron que pelear. Los hombres de los Bloques H no querían que las mujeres participaran en ella y no porque pensaran que eran muy machos. Así que también tuvimos que pelear para que nos dejaran hacerla. La comenzaron siete hombres el 27 de octubre y Mairéad, Margaret y yo nos unimos el 1 de diciembre de 1980. Pudimos comunicárselo a nuestras familias un par de semanas antes y, evidentemente, lo mantuvieron en secreto. Aquello fue muy duro. Pero para mi padre –Dios se apiade de él– era su favorita, y simplemente dijo: «No me extraña». Aquello casi me mata, era íntegro al ciento por cien, como todas nuestras familias...

Sinéad: Las sacaron [de sus celdas] el primer día.

Mary: Nos metieron a las tres en una celda doble ese primer día. La comida de la cárcel solía ser grasa con un poco de carne. Eran raciones muy pequeñas. Nueve de cada diez veces estaba fría. De repente, empezaron a llevar platos rebosantes de comida muy caliente a nuestra celda. Nunca estuvimos sin comida; dejaban el desayuno hasta la hora del almuerzo y este hasta la cena. Había comida las veinticuatro horas del día. Recibimos innumerables tarjetas tipo «pienso en ti» y cartas de apoyo, aunque no nos entregaron ni la mitad. Pero sí que nos dieron los mensajes de odio –con matasellos británico– en los que nos llamaban putas asesinas y decían: «Espero que tengáis una muerte muy lenta». Nos facilitaron esa correspondencia, pero no nos importó.

Aquello continuó en el supuesto hospital de la cárcel. Metimos de contrabando una radio pequeña. Solíamos oírla por la noche, cuando se iban las boqueras. Siempre hubo buena comunicación entre los Bloques H y Armagh, por lo que nos enteramos de que Seán McKenna se encontraba en muy mal estado. El 18 de diciembre estábamos oyendo la radio y dieron las noticias. La principal fue que la huelga de hambre había acabado. Las tres nos miramos y dijimos: «¿Hemos oído bien?». Sin que lo supiéramos, Danny Morrison había intentado entrar en la cárcel para informarnos de lo que estaba sucediendo, pero la Oficina de Irlanda del Norte se lo impidió. Al día siguiente vino el alcaide cuando estaban sirviendo el desayuno y dijo: «¿Han acabado la huelga de hambre?». Entonces Mairéad lo miró –y sabía cómo lanzar algunas miradas– y respondió: «No, no lo hemos hecho». Seguíamos sin saber qué estaba pasando. Después Mairéad habló con Síle.

Síle: Después de la reunión con Mairéad recibí la visita de un sacerdote, que era un intermediario entre los británicos y la organización.

Mary: Cuando informaron oficialmente a Síle, decidimos poner fin a la huelga de hambre. Estábamos eufóricas, porque sabíamos que Seán McKenna recibiría el tratamiento que necesitaba. Evidentemente, creíamos que habíamos conseguido las cinco exigencias, porque, de no ser así, no se habría acabado.

Mairéad: ¿Cómo fue hacer una huelga de hambre, os resultó difícil algo en particular?

Mary: Mairéad pesaba muy poco y me fijé en que se produjo un gran cambio en ella. Sentí el frío. Eso debió de ser la segunda semana. Parece que pierdes energía. Llevábamos solo diecinueve días, y los hombres, unos cincuenta. Tuve la regla y fue una de esas nefastas en las que me ponía muy mala. Aquello me agotó un par de días, aparte de todo lo demás. Pero vi una gran diferencia en Mairéad, estaba demacrada.

Sinéad: Recuerdo que la segunda semana me impresionó su apariencia, no la habíamos visto en quince días. Se le marcaba la mandíbula, solo se veían dientes. Recuerdo que pensé que no iban a durar. Vi una gran diferencia en un corto periodo de tiempo. Se ha escrito muy poco sobre las huelgas de hambre de mujeres, pero vi una gran diferencia en ese corto espacio de tiempo.

Mary: Nos manteníamos activas escribiendo cartas a todo el mundo, que después se sacaban de contrabando. Estábamos al tanto de lo que sucedía en los Bloques H. No teníamos tiempo para pensar en nosotras. Estábamos muy unidas. Manteníamos una camaradería al ciento diez por cien. Nos informaban de las protestas y las concentraciones y eso nos elevaba la moral. El cardenal Ó Fiach vino a vernos. Fue genial, llevaba un cartón de doscientos cigarrillos en la sotana. ¡Fue muy bien recibido!

Mairéad: ¿Qué hacíais las demás durante ese tiempo?

Sinéad: Pasamos muchas horas escribiendo cartas a cualquiera que creyéramos que podía estar interesado. Escribimos a Estados Unidos, a Europa, a clubes de la Asociación Atlética Gaélica. Las visitas venían y nos contaban que habían leído alguno de los comunicados en las reuniones de la Asociación Atlética Gaélica. Durante el día las boqueras estaban en el ala, así que no hacíamos mucho. Escribir cartas fue nuestra actividad principal. Por la noche, cuando las boqueras más o menos desaparecían –dejaban el mínimo personal posible–, estuvieras con quien estuvieses en la celda, una iba a la puerta y la otra a la ventana para comunicarse con las que estaban en el otro lado. Entonces era cuando nos enterábamos de las cosas. Cantábamos. Nos ponían al día sobre las tres compañeras. Si Síle tenía alguna información de última hora, nos la comunicaba gritando. Intentábamos mantener la moral alta organizando juegos, cantando...

Síle: Los concursos eran geniales. Christine Beattie era la presentadora. Te levantaba el ánimo sin siquiera darse cuenta de que lo hacía. Pedía preguntas. Las escribíamos en trozos de papel y se las enviábamos durante el día. A veces no conseguía leer la letra. Recuerdo que una vez preguntó: «¿Quién escribió la obra de teatro *La sombra de un basurero*?». Y también había bingo. Tenías una hoja, escrita en papel higiénico de la cárcel, y ella cantaba los números. Y el premio era un cigarrillo liado con papel de biblia.

Anne-Marie: El bingo era muy popular. Todo el mundo quería el cigarrillo.

Sinéad: Sacábamos cosas por la ventana y las pasábamos de celda a celda.

Síle: Poníamos la parte interior de un mechero metálico como peso y lo atábamos con cordones de zapato para lanzarlo a la celda siguiente. Sacaban la mano y lo atrapaban.

Anne-Marie: Durante toda la protesta sucia llevé una camiseta con una camisa a cuadros encima. Era rosa y gris, y me encantaba. Un día estábamos fuera y llovió. Nos empapamos. Entré y pensé: «Me pondré una cosa y después la otra». Había un agujero en la madera de la ventana. La saqueé para que se secara. Cuando intenté meterla me olvidé del alambre de espino que había en la ventana. Me eché a llorar, había destrozado la camisa.

Mairéad: La segunda huelga de hambre empezó el 1 de marzo de 1981. ¿Cómo respondisteis?

Síle: Mantuvimos debates en la cárcel. Hubo mujeres que se ofrecieron para hacerla.

Mary: Dije que quería hacer la segunda huelga de hambre. Después, cuanto lo medité más a fondo, pensé: «¿Puedo poner a mi familia en esa situación otra vez y estoy física y mentalmente preparada para ello?». Es algo con lo que he tenido que vivir desde entonces. Fue una decisión muy dura. No es que pensáramos que la primera huelga no fue difícil, pero sabíamos que habría quien moriría en la segunda. Y no teníamos suficientes personas para reemplazarlas.

Sinéad: A Mairéad le pasó lo mismo. Estaba en la celda con ella y sé que cuando se decidió retirar su nombre, se le rompió el corazón. Intentar consolarla fue espantoso.

Anne-Marie: Muchas mujeres conocían a los huelguistas. No eran solo un nombre, eran alguien a quien conocías. Mary conocía a Bobby Sands.

Síle: Mairéad conocía a Joe McDonnell muy bien. Kieran Doherty era amigo íntimo de Mairéad. Eileen Morgan era amiga de Paddy Quinn, que no murió en la huelga de hambre. También conocía a Raymond McCreesh.

Mary: Salió con Seán McKenna.

Sinéad: Dolores O'Neill estaba prometida a Thomas McElwee.

Mary: Ninguno de los huelguistas era solo un nombre, era una persona.

Síle: Era como: «Lo recuerdo, estaba en los bailes a los que iba yo y es muy divertido».

Anne-Marie: Y todas las que no conocían a un huelguista sentían que lo conocían porque se oía hablar de ellos a todas horas, incluso antes de la huelga de hambre. Nos decíamos entre nosotras: «¡He recibido una carta de tal o cual!».

Mary: Nos trataban como a hermanas pequeñas.

Sinéad: Acabamos siendo como una familia. Eran nuestros hermanos.

Anne-Marie: Había cosas que no podían decir a sus familias para no intranquilizarlas, pero nos las contaban a nosotras. Pól Brennan me escribía cartas desde los Bloques H y siempre me contaba a quién pegaban y a quién lavaban con un cepillo de fregar. Y yo le hablaba del motín, de lo mal que había salido. Mientras que cuando venía a verme mi familia, decía: «No, fue bien. No, estoy bien». Pensaba que no podía ver llorar a mi madre, por lo que no le decía nada.

Mary: [el 5 de mayo, día en que murió Bobby Sands] Abrieron la puerta a las siete y media. Iba por el pasillo. Las boqueras estaban de pie a un lado y había un ambiente extraño, muy silencioso. Me encontré a Brenda Murphy, que me dijo: «¿Mary, te has enterado? Bobby ha muerto». Me quedé hecha pedazos. Volví corriendo a la celda, cerré la puerta y lloré a lágrima viva. Tuve una mezcla de sentimientos. Me sentí frustrada porque si hubiera estado fuera, no sé lo que habría hecho. Sentí rabia, por supuesto, hacia los británicos, hacia Maggie Thatcher.

Y me sentí impotente, totalmente impotente. Tenía el corazón roto por su familia. Fue uno de los peores momentos en todo el tiempo que estuve en la cárcel. Cada vez que moría un huelguista tenía el mismo sentimiento, nunca aminoraba. Podría haber pensado –y suena horrible– que me acostumbraría, pero no fue así. Estaba desconsolada. Sentí todas las emociones posibles, pero la rabia fue una de ellas. Cuando estábamos contra la pared es cuando éramos más fuertes. Nunca dejaríamos que las boqueras, los británicos o nadie se enterara...

Sinéad: Te sintieras como te sintieses, siempre ponías una fachada. Eras consciente de que estaban allí, en las alas; podían verte en cualquier momento, así que, estuvieras como estuvieses, ponías esa cara. Creo que era como todo lo que sucedió en la cárcel, agridulce.

Mairéad: ¿Cuál es el legado de vuestra lucha hace cuarenta años, de las protestas carcelarias y las huelgas de hambre?

Síle: Fueron tiempos muy duros, pero hicimos lo que era necesario, porque vivíamos en un estado pequeño, apestoso y sectario. Los cambios que se están produciendo ahora, los cambios para la igualdad, los cambios demográficos, pero incluso los cambios en términos de republicanismo, se han conseguido porque ahora nuestro pueblo tiene mucha más confianza, nuestro pueblo está mucho más educado. Muchas de nosotras no tuvimos oportunidad de estudiar. Me habría encantado ir a una escuela universitaria o a la universidad, me habría encantado hacer una carrera, pero las circunstancias en las que crecí, las circunstancias que me impusieron, no me lo permitieron. Nunca querría que un joven con toda la vida por delante entrara en una cárcel, porque ninguna de nosotras lo habría hecho de no haber sido por las circunstancias en las que crecimos. Tengo que decirlo, se me quedó grabado, Bobby Sands fue un prolífico escritor y una de sus frases más famosas fue: «Nuestra venganza será la risa de nuestros hijos». Ahora estamos cosechando eso. Ahora lo estamos viendo. [a Mairéad] Tú eres un buen ejemplo. Si se mira a nuestros jóvenes, a nuestros representantes electos, mantienen la cabeza alta y están ahí para avanzar. Ese es el legado de 1976 a 1981. Estamos cosechando los frutos ahora.

Sinéad: No creo que estuviéramos aquí, donde estamos, con la confianza de los jóvenes, de no haber sido por los huelguistas.

Anne-Marie: La gente ha aprendido mucho sobre la resolución de conflictos y la transformación y transición a partir de conflictos. Cualquier país que haya conseguido una victoria, una victoria total de la noche a la mañana, no dura mucho. Por lo que la idea de la negociación continua e intentar encontrar el camino a seguir es realmente lo que necesitamos.

Síle: Necesitas unir a la gente y no solo unir a tu propia gente; tienes que ser capaz de llegar a ellos. Por ejemplo, en mi reducida zona crecimos sin nada, pero al otro lado de la calle había gente que también creció sin nada.

Sinéad: El legado de Armagh, aparte de hacia dónde vamos, es la camaradería. La camaradería que sigue presente hoy y siempre estará ahí. Éramos muy pocas, estábamos muy unidas y esa fue nuestra familia durante mucho tiempo.

Anne-Marie: Éramos más que hermanas. Durante toda tu vida tienes una sensación especial y no es que las necesites, sino que están ahí si las necesitas. Es esa sensación especial de que sabes que están ahí.

Cronología de la cárcel de Armagh

1780 Se inauguró la cárcel de Armagh. En un principio se concibió para albergar presos de Irlanda del Norte, incluidos los presos del alzamiento de la Sociedad de los Irlandeses Unidos en 1798.

1920 A partir de la partición de Irlanda, Armagh fue principalmente una cárcel para mujeres. Sus internas incluyeron a Betty Sinclair, encarcelada en 1941 por publicar una carta del IRA en el periódico comunista *Red Hand*.

1969 Desde el principio del conflicto Armagh albergó a una población creciente de reclusas y presas políticas. El número de presas políticas aumentó de dos en 1971 a más de cien entre 1972 y 1976. El hacinamiento implicó que a menudo dos presas tuvieran que compartir la misma celda a comienzos de la década de 1970.

1971 El Gobierno empezó a recluir a presos políticos en una cárcel construida con ese propósito en la base abandonada de la Real Fuerza Aérea en Long Kesh, al suroeste de Belfast. Pero la cárcel de Armagh continuó albergando a algunos reclusos y presos preventivos hasta 1973.

1975 En 1975 se añadió una tercera ala, la C (ya derribada).

1976 Las presas de la cárcel de Armagh, junto con los presos de la prisión de Long Kesh o Maze, participaron en la protesta sucia y el rechazo a llevar a cabo trabajos carcelarios para exigir la restitución del estatuto de preso político que el Gobierno británico había abolido en 1976.

1980 Tres presas de la cárcel de Armagh –Mary Doyle, Mairéad Farrell y Margaret Nugent– tomaron parte en la huelga de hambre de 1980. Pusieron fin a la huelga un día después que los hombres.

1981 Diez reclusos republicanos, incluido Bobby Sands, murieron en la siguiente huelga de hambre para reclamar el estatuto de presos políticos.

1982 Se pusieron en práctica los cacheos al desnudo de las presas de Armagh y se continuó con el aislamiento y la pérdida de reducción de condena como método principal de control y castigo. En una población carcelaria reducida, que nunca superó las cuarenta reclusas, se llevaron a cabo miles de cacheos al desnudo.

1986 Se clausuró la cárcel de Armagh y se trasladó a las presas a la cárcel de mujeres de Maghaberry.

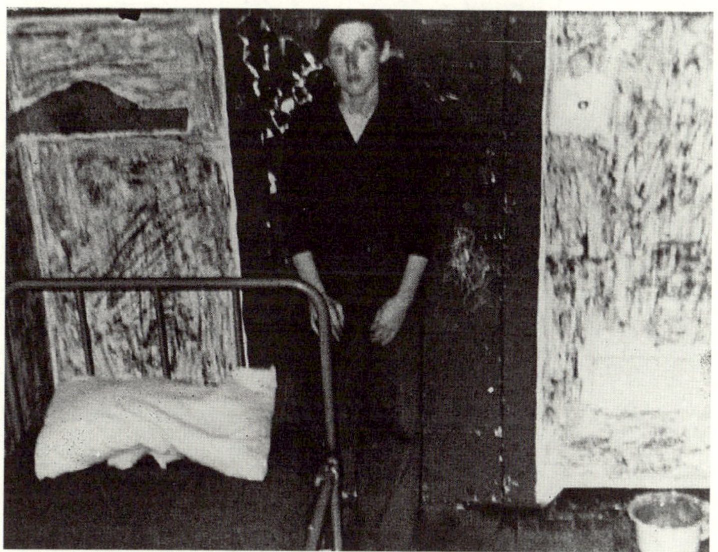

Mairéad Farrell durante la protesta sucia, 1980.

Fila de atrás: Theresa McEvoy y Christine Beattie. Primera fila: Janette Murphy, Patricia Craig, Rosemary Callaghan y Eileen Morgan.

Este libro,
JOHN LENNON HA MUERTO
PROTESTAS, HUELGAS DE HAMBRE Y RESISTENCIA,
se terminó de diseñar, componer y maquetar en Bilbao,
en el taller gráfico de MONTI DISEINU GRAFIKOA,
utilizándose la familia tipográfica Celeste
creada por Chris Burke en 1990,
48 años después de aquel caluroso agosto
en que su autora fue encarcelada en la prisión de Armagh,
y 43 años después de aquel otro agosto
en el que recuperó la libertad, tras una experiencia
que transformaría su vida para siempre.

Aurkeztu dizugun
liburuaren
eduki, itxura edo
inprimaketari
buruzko iritzia guri
helarazi nahi izanez
gero, bidal iezaguzu.
Zinez eskertuko
dizugu.

La Editorial le quedará muy reconocida si usted le comunica su opinión acerca del libro que le ofrecemos, así como sobre su presentación e impresión. Le agradecemos también cualquier otra sugerencia.

EDITORIAL TXALAPARTA S.L.L.
San Isidro 35
31300 TAFALLA
Nafarroa
Tfno.: 948 70 39 34
info@txalaparta.eus
www.txalaparta.eus